本书获得宁夏回族自治区教育厅高等学校科学研究项目资助（项目编号：NYG2022078）

旅游短视频全链路营销研究

文侃侃　著

中国广播影视出版社

图书在版编目（CIP）数据

旅游短视频全链路营销研究 / 文侃侃著 . -- 北京 ：
中国广播影视出版社，2024. 12. -- ISBN 978-7-5043
-9348-7

Ⅰ . F590.82

中国国家版本馆 CIP 数据核字第 2025Y6W209 号

旅游短视频全链路营销研究

文侃侃　著

责任编辑　王　萱
封面设计　寒　露
版式设计　寒　露
责任校对　马延郡

出版发行　中国广播影视出版社
电　　话　010-86093580　010-86093583
社　　址　北京市西城区真武庙二条 9 号
邮　　编　100045
网　　址　www.crtp.com.cn
电子信箱　crtp8@sina.com

经　　销　全国各地新华书店
印　　刷　定州启航印刷有限公司

开　　本　710毫米×1000毫米　　1/16
字　　数　150（千）字
印　　张　11
版　　次　2024 年 12 月第 1 版　2024 年 12 月第 1 次印刷

书　　号　ISBN 978-7-5043-9348-7
定　　价　98.00元

前言 | PREFACE

在数字化时代的浪潮下,旅游业正经历一场革命性的变革。特别是随着新媒体的兴起,旅游短视频作为一种新兴的营销手段,展现出较强的影响力和营销效果。当前,旅游业如何利用短视频这一新媒体形式进行创新性营销,不仅是业界关注的焦点,也是学术研究的重要课题。本书对旅游短视频全链路营销进行深入的研究与探索,主要包括以下六章内容。

第一章探讨了数字化时代的特点与新媒体的作用,着重分析了旅游业的数字化转型过程和短视频平台的兴起与发展。这一章为读者提供了对当前旅游营销环境的宏观理解,为后续章节中更具体的策略分析打下了基础。

第二章先界定了相关核心概念,然后介绍了与短视频全链路营销相关的核心理论,包括 S-O-R 理论、4R 营销理论。这一章主要是为本研究构建一个理论框架,明确旅游短视频全链路营销的心理和行为机制。

第三章详细讨论了如何设计有效的旅游短视频全链路营销方案,从目标市场和受众分析,到内容创意与制作,再到渠道和推广策略的选择,进而为如何根据不同的市场和目标受众制定定制化的短视频营销策略打下坚实的基础。

第四章深入探讨旅游短视频全链路营销方案的具体实施,内容包括旅游短视频全链路营销的实施步骤与时间规划、关键资源与合作伙伴挖掘以及预算分配与成本控制。这一章帮助读者了解如何将营销方案转化为具体的行动计划，并有效管理营销活动的各个方面。

第五章立足实践，通过用户旅程与触点分析、数据驱动的决策过程，以及整合营销传播（Integrated Marketing Communication, IMC）在全链路中的应用，展示了如何在实际操作中应用这些策略。这一章旨在通过实践展示如何将理论应用于实际情境中，实现有效的旅游短视频营销。

第六章对旅游短视频全链路营销的现实挑战与未来展望进行描述，从不同方面展开叙述。这一章旨在为游客提供新的产品和服务。

本书在资料收集方面，得到慕旭变、郭瑞、常广燕、王愿茹、王晓歌等同学的大力支持。

目录 │ CONTENTS

第一章　旅游短视频全链路营销的时代背景分析

第一节　数字化时代的特点与新媒体的作用

一、数字化时代的特点

数字化时代是以信息技术为核心的新时代。在这个时代，科技飞速发展，随着硬件的不断升级和软件的创新，信息技术变得更加高效，逐渐渗透到人们日常生活的各个方面。在这个基础上，互联网的普及和移动通信技术的发展为人们提供了前所未有的连接方式和信息获取渠道。同时，经济结构逐渐转型，特别是从工业经济向知识和信息经济的转变，为数字化提供了肥沃的土壤。企业和组织开始更加依赖数字化手段来提升效率和市场竞争力。具体来说，数字化时代具有以下特点。

第一，数据成了这个时代的核心资源。大数据分析使得个人、企业、政府都能更有效地预测各方面的发展趋势，从而做出更准确的决策。

第二，普遍的网络连接是数字化时代的显著特点。互联网和移动技术的普及使得人们和信息之间的联系越来越紧密，极大地方便了人们的生活和工作。

第三，人工智能的发展为数字化时代增添了新的维度，它的发展和应用能让计算机在自动驾驶、健康诊断等领域模拟人类的认知能力。

第四，数字化服务和数字化产品的涌现重塑了人们的生活和工作方式。从数字支付到在线教育，数字化的影响无处不在。

第五，数字化促进了新的文化形态和社交模式的出现。在数字化时代，人们的社交方式、工作和生活习惯受到影响，孕育出新的文化形态和社交模式。

需要注意的是，网络安全的重要性在数字化时代变得尤为突出，随着越来越多的数据和服务转向数字化，保护这些数字资产免受网络攻击和数据泄露成了重中之重。

二、新媒体的作用

新媒体的出现无疑是信息传播领域的一场革命。在发展过程中，新媒体在全球信息传播中的地位和作用日益重要，其对社会沟通、信息共享以及公众意识形态的影响也日益深远。具体来说，新媒体具有以下作用。

首先，新媒体的出现改变了信息的传播方式和人们的接收习惯。随着新媒体技术的不断进步和应用的普及化，信息的传播速度越来越快，传播范围越来越广。传统的信息传播途径（如报纸、电台等）会受限于物理媒介和地理位置，而新媒体打破了这些限制，带来了媒介内容、平台、用户终端和组织系统的全面融合。通过互联网和移动设备，新媒体可以将全球信息资源紧密连接，使得信息传播变得更加迅速和广泛。这种变革不仅是技术层面的突破，也是信息传播方式的根本改变。

其次，新媒体的出现改变了人们的信息接收习惯和交流习惯。在新媒体的影响下，信息传播不再受限于固定的时间和空间。用户不再被动地等待信息的送达，而是可以通过互联网和移动设备，随时随地接收信息，主动寻找和筛选感兴趣的内容。这种时空的突破为信息传播带来了前所未有的便利。另外，新媒体具有互动性，它的出现还为用户提供了前所未有的交流和参与方式。用户不仅是信息的接收者，也是信息的创造者和传播者。通过社交媒体，用户可以发表自己的观点，分享个人的经历，甚至参与到新闻事件的报道和讨论中。这种双向互动的传播方式，极大地增强了公众的参与度和信息传播的影响力。

最后，新媒体的出现拓宽了媒体的功能和形态，使其更加多元化。

在新媒体平台上，用户可以轻松接触到文字、图像、音频和视频等多种类型的媒介内容。这种媒介的多样性不仅丰富了用户的信息体验，还提高了信息的吸引力和传播效果。

第二节　旅游业的数字化转型

一、中国数字经济的发展阶段

数字经济作为一种新兴的经济模式，在旅游业的数字化转型过程中扮演着至关重要的角色。在信息技术不断进步、信息化程度日益提高以及人工智能和大数据广泛应用的背景下，数字经济在中国得到了迅速发展。从 20 世纪 90 年代起，中国数字经济经历了三个发展阶段。[①]

（一）网络化发展阶段（20 世纪 90 年代至 2011 年）

自 20 世纪 90 年代起，互联网技术迎来了快速发展的黄金时期。互联网技术的发展，特别是移动互联网的普及，促使社会迈入网络化时代。互联网技术为社会信息基础设施的建设提供了技术支持，使各行业能够利用这一技术迅速融入网络化的大潮。进入 21 世纪，互联网行业的发展尤为迅速。2007 年，我国正式颁布《电子商务发展"十一五"规划》，明确将电子商务服务定位为国家重点扶持的新兴产业之一。在这样的背景下，国家的政策指导和企业的积极响应共同推动了互联网行业的快速

---

① 杨伊静：《打造包容性数字经济模式 推动中国经济高质量发展：中国信通院发布〈中国数字经济发展白皮书（2020 年）〉》，载《中国科技产业》，2020 年，第 8 期。

发展。传统企业在互联网的浪潮中也开始积极转型，通过接入互联网寻求新的发展机遇。在这一时期，许多有代表性的中国互联网企业相继诞生。

随着互联网的普及，中国的网络化社会和数字经济迅速发展。这一变革不仅改变了人们的生活方式，也为企业提供了全新的商业模式和市场机遇。同时，国家政策的支持和企业的积极参与共同推动了互联网行业的繁荣。从电子商务到移动互联网，这标志着中国经济的新时代已经到来。互联网不仅成为社会信息基础设施的重要组成部分，也成为推动经济发展和社会进步的关键力量。随着数字经济的不断发展，中国在全球数字经济舞台上的地位日益重要，成为全球数字经济发展的重要参与者和引领者。在此背景下，中国的互联网行业呈现蓬勃的发展势头。各行各业积极拥抱互联网技术，通过数字化转型，寻求新的增长点。在数字经济的推动下，中国经济结构正在经历深刻的变革，数字化转型已成为推动经济增长的重要力量。互联网不仅改变了商业模式，也在重塑社会生活的方方面面。

（二）信息化发展阶段（2012 年至 2014 年）

在这一阶段，企业开始重视内部信息化发展，国家相应地发布了一些信息化产业政策。这些政策旨在提升中国企业的信息化水平，并确保其健康发展。这一时期的政策制定反映了中国信息化发展的新思路：从单一领域的发展转变为更全面、整体的发展。2012 年 7 月，国务院发布了《"十二五"国家战略性新兴产业发展规划》，开始着重关注物联网、云计算等新兴技术的研究与发展，并明确了互联网思维以及信息化与工业化整合的发展方向。2013 年 2 月，国务院发布了《关于推进物联网有序健康发展的指导意见》。该意见重视对物联网核心技术的研究与开发，并指导物联网在各个领域的规模应用。同年 8 月，国务院又发布了《信息化和工业化深度融合专项行动计划（2013—2018 年）》。该计划明确了信息化与工业化融合的发展方向，重点是推动智能制造生产模式的培育。上述文件的发布促进了信息产业新业态的出现，推动了传统产业的升级。

（三）数字化发展阶段（2015 年至今）

2015 年 7 月，国务院发布《国务院关于积极推进"互联网 +"行动的指导意见》，强调要推动 11 项"互联网 + 产业"重点行动。"互联网 +"政策的实施，正式标志着我国进入数字化发展新时代。

2016 年，在 G20 杭州峰会上，多国领导人签署了《二十国集团数字经济发展与合作倡议》。在此之后，数字经济被广泛认可。

2018 年 9 月，《关于发展数字经济稳定并扩大就业的指导意见》发布，强调加快培育数字经济新兴就业机会，促进传统企业的数字化转型。一些制造企业利用数字化技术对生产加工流程进行改造，实现了产品线流程自动化和智能化生产，推动了中国制造业的高质量发展。

上述文件的发布和实施为中国数字经济的发展指明了方向。随着技术的不断进步，中国数字经济将继续保持强劲的发展势头，成为推动我国经济社会发展的重要力量。

二、中国旅游业数字化转型的过程

中国旅游业的数字化转型过程充满挑战。中国旅游业的数字化转型建立在网络化和信息化转型的基础上，三者之间存在着相互补充和逐步深化的关系。缺乏互联网技术应用的信息化系统，中国旅游业的数字化转型便无法实现。研究中国旅游业的数字化转型过程，可将其分为三个阶段：网络化阶段、信息化阶段和数字化阶段。

（一）网络化阶段

中国旅游网站的出现标志着中国旅游业开始逐步融入互联网的大潮。早期的旅游网站展现了旅游业对网络技术的初步探索。尽管当时互联网技术还处于起步阶段，但中国旅游业已经在网络化的道路上迈出坚实的步伐。本书的重点在于分析中国旅游业自 2009 年以来的发展变化，确保所提供的内容具备一定的可获取性、可信度和有效性。在数字化转型的过程中，中国旅游业经历了一系列变革，从最初的传统旅行社服务模式逐渐转变为在线旅游服务模式。这一转型包括建立电子商务服务平台，实现线上线下服务的一体化。行业内部通过创新商业模式，及时调整以适应宏观环境和市场竞争，同时充分发挥自身优势，规避潜在的劣势。

为了实现网络化转型目标，中国旅游业采取了多种策略。比如，在旅游服务业务板块，中国旅游业高度重视电子商务的发展，并采取了一系列策略，实施了"三游并重，两网并举"的发展战略。随后，为了更好地服务客户，中国旅游业建立了 B2B 和 B2C 网站平台，通过加强实体网络和 IT 网络渠道的建设，向海外直客市场扩展。

中国旅游业根据市场需求，准确把握市场脉搏，推出了新型的业务模式。为了更加贴近市场，改变旅游服务业务的形象，一些旅行社通过在线网站的升级，完善了各板块。同时，一些旅行社开通了旅游行业官方微信，作为新的营销渠道，并开发了手机客户端 App，使用户能够在手机上完成旅游产品的查询、预订和在线支付等操作。此外，一些旅行社还利用"跨境通"电子商务平台，开拓了线上零售渠道。在电子商务商业模式方面，中国旅游业积极探索和建立了电子商务平台，以促进业务发展。[①] 中国旅游业还根据国家相关政策，明确了跨境电子商务业务的

---

① 黎小平：《制造企业管理数字化的问题与对策》，载《成组技术与生产现代化》，2006 年，第 2 期。

发展方向，通过自建电子商务平台开展跨境直邮业务，形成了完整的跨境电子商务供应链体系。截至 2014 年底，中国旅游业成功建立了全国统一运营的、"B2B+B2C+ 呼叫中心"三位一体的电子商务平台。B2B 子平台（后端资源系统）为产品、订单、财务的整体管理以及企业间产品的分销提供服务，B2C 子平台（包括网站、移动客户端等移动互联网应用）和呼叫中心则为全国各地、多渠道的客户提供咨询和预订服务。此外，通过网站、第三方平台旗舰店、App、微信等渠道，中国旅游业为消费者提供了一站式的旅游咨询、预订和支付服务，形成了具有中国旅游业特色的线上线下一体化服务体系。2015 年，中国旅游业启动了电商网站"中免商城"，专注免税电子商务项目的试运行。

（二）信息化阶段

在信息化阶段，中国旅游业经历了转型。在该阶段，一些旅游企业通过建立各种平台和中心，如企业业务平台、信息化平台以及财务共享服务中心，实现了企业内部管理职能的优化和业务流程的完善。这一系列措施的目的在于整合内部资源，完善企业的管理体系，提高企业的精细化管理水平。

在企业业务平台的建设方面，中国旅游企业自 2010 年起致力信息化的建设工作。[1] 其主要目标是实现企业信息化水平的转型升级。

在企业信息化平台方面，中国旅游企业致力从传统的业务型向信息化、平台化转型。[2] 一些旅游企业通过打造集产品研发、资源采购、网络分销于一体的运营平台，提升内部整合经营的能力。这样的平台形成了

---

[1]　高慧颖、阎艳、卢继平：《基于 AHP 的流程型企业数字化评估研究》，载《改革与战略》，2008 年，第 1 期。

[2]　荆浩、刘娅、徐娴英：《数字化使能的商业模式转型：一个制造企业的案例研究》，载《科技进步与对策》，2017 年，第 3 期。

线上与线下相互融合的新模式，打造了线上线下一体化的产品供给和销售渠道，为消费者提供了专业、全面、一站式的服务平台。同时，一些旅游企业通过建立内部控制制度，完善公司管理体系，进一步提升了精细化管理水平。

在财务共享服务中心的构建方面，一些旅游企业通过创新管理模式，推动企业财务工作从财务会计向管理会计转变。①财务共享服务中心的建立一方面打造了"战略财务、共享财务、业务财务"三位一体的财务管理体系，这样的体系与业务紧密结合，大幅提升了财务直接创造价值的能力；另一方面促进了业务流程的完善，促进了企业的流程标准化和业务规范化，支持业务的进一步拓展。

（三）数字化阶段

自 2016 年以来，中国旅游行业步入了数字化阶段。在国家政策的支持和市场宏观环境的影响下，中国旅游业顺利实现了向数字化的转型，并深入推进"互联网＋旅游"的探索，致力提升数字化管理能力，同时启动了商业智能（Business Intelligence, BI）系统的应用。

在"互联网＋旅游"的探索方面，面对互联网时代的消费行为和数字化技术在旅游行业的广泛应用，旅游与互联网的深度融合已经成了不可逆转的趋势。中国旅游业积极推动这一进程，通过大数据、云计算等数字技术的应用，提升了旅游业在市场中的竞争力。

在数字化管理能力提升方面，中国旅游业利用品牌和互联网信息化优势，不断提升业务水平，创新产品。中国旅游业围绕"产品设计、渠道拓展、集中采购、数字化管理、品牌与客户管理、价格管理"六大核心能力的构建，提升了数字化建设水平，完善了信息化基础设施，加快

---

① 李富、王湘蓉：《无锡制造业数字化发展的对策研究》，载《江南论坛》，2020 年，第 6 期。

了数字化转型的步伐。中国旅游业通过构建互联网业务体系和实施数字化项目，促进了主营业务的协调发展。中国旅游业基于消费者数字化需求，加强了大数据的应用，实现了多方数据资源的集中整合。

在商业智能系统的启动方面，中国旅游业全面实施了信息化建设的顶层设计，并将其贯穿于整个业务流程中。具体做法如下：内部迅速搭建了业务关键信息管理系统，外部搭建了顾客关系维护系统，提升了服务水平；积极探索旅游零售新模式，促进了传统线下零售模式向线上的延伸，并探索跨境电子商务业务，提升了网上预订业务水平；建设统一会员平台，整合了各免税店会员管理系统；运用大数据、人工智能等技术，深化线上推广，丰富品牌资源，为消费者提供了更好的旅游体验。

第三节　短视频平台的兴起与发展

进入 21 世纪，以 Web 2.0 为基础的新媒体技术迅速崛起。2006 年，一批有代表性的网络视频平台陆续上线，并迅速获得市场的认可。这一时期被视为中国网络视频平台发展的开端。随着网络技术的发展和新业态的涌现，网络视频产业得到快速发展。然而，短视频平台在中国市场的真正兴起是在 2013 年。当时，中国的一些公司开始引入短视频，但最初短视频并没有在中国迅速流行起来。从 2014 年开始，中国的短视频平台在信息技术的推动下迎来了快速发展。这一年，短视频凭借移动网络，迅速成为众所周知的新兴媒体形式，并迅速发展成为一种受欢迎的媒体形式，深刻地影响了人们的生活，成了时下热门的社交和娱乐方式之一。这一时期，短视频平台的迅猛发展归功于多个因素。首先，短视频平台以其快速、便捷、直观的特点，满足了用户的多样化需求。其次，创新的内容制作和分享机制为短视频平台带来了更多的用户。短视频平台为用户提供了一个展示和分享日常生活的途径，他们可以通过短视频分享自己的生活点滴、展示才艺或表达观点，也可以观看来自世界各地的创意内容。许多短视频创作者因其独特的内容而获得了很多人的关注。

随着技术的不断进步和用户需求的不断变化，短视频平台在中国的发展呈现多元化的趋势。短视频平台不仅对视频内容进行了丰富和创新，还对自身功能和互动方式进行了完善。从最初的简单分享发展到现在的直播、电商、教育等多元化应用，短视频平台已经成了一个多功能的网络社交平台。展望未来，5G、人工智能和其他新兴技术将引领短视频平台继续发展。

第二章　旅游短视频全链路营销的理论基础

第一节　相关核心概念界定

一、短视频

就当前学术界的研究成果而言，短视频的概念并没有明确的学术界定。王晓红等认为，短视频是指利用移动端拍摄，并且时长在5—15秒的视频，可以快速进行编辑或美化，并能用于社交分享的手机应用。[①] 潘曙雅、王睿路认为，短视频通常不超过5分钟，主要通过移动设备进行快速的拍摄和编辑，并能够通过社交媒体实现即时分享，这种形式的视频是新型的。[②] 汪文斌认为，短视频通常是指时长在20分钟内，可以通过移动端进行传播，并适合在各种媒体平台分享的视频表达形式。[③] 高菲认为，短视频是指时长保持在10分钟之内，通常将用户生成内容（User Generated Content, UGC）和专业用户生成内容（Professional User Generated Content, PUGC）作为主要产生方式，并且能够依托移动端进行传播的视频表达方式。[④] 高鹏等认为，短视频就是短片视频，通常在网络新媒体平台中进行

---

① 王晓红、包圆圆、吕强：《移动短视频的发展现状及趋势观察》，载《中国编辑》，2015年，第3期。
② 潘曙雅、王睿路：《资讯类短视频的"标配"与前景》，载《新闻与写作》，2017年，第5期。
③ 汪文斌：《以短见长——国内短视频发展现状及趋势分析》，载《电视研究》，2017年，第5期。
④ 高菲：《短视频发展的现状和瓶颈》，载《当代传播》，2018年，第4期。

传播，所承载的内容时长也往往控制在 5 分钟内。[①] 范雪颖等认为，短视频是一种通过网络平台播放的全新传播方式，其主要特点包括播放时长短、频率高、内容多样和受众广泛。[②]

综上所述，短视频可被理解为一种时长较短、主要通过移动终端发布的互联网新媒体内容形式。具体来说，在时间上，短视频通常不超过 5 分钟，大多数集中在 15 秒到 1 分钟；在内容上，短视频以简洁、有趣且易懂的内容为主，表现形式生动、直接；在制作上，短视频主要通过专门的平台进行制作，且以用户生成内容和专业用户生成内容为主；在传播途径上，短视频主要通过社交媒体进行传播。这些特点共同描绘了当前短视频这一新兴媒体形式的基本框架。

二、旅游短视频

当前学术界尚未对旅游短视频的概念进行明确的界定，这里仅简单介绍一下旅游短视频。旅游短视频主要指时长较短、内容与旅游相关的、在各媒体平台发布的视频。其内容涵盖与旅游相关的各个方面，包括食、住、行、游、购、娱的展示，旅游攻略，以及旅游历史故事，等等。

二、全链路营销

在当代的营销领域，全链路营销作为一种新手段，关注客户与品牌间互动的全过程。此营销手段的核心在于全面洞察和把握客户行为的每

[①] 高鹏、李纯青、褚玉杰、谢莹：《短视频顾客灵感的触发机制及其对顾客融入的影响》，载《心理科学进展》，2020 年，第 5 期。

[②] 范雪颖、杨晓欣、张旭萌、王宁：《短视频营销对城市旅游形象的塑造手法研究——以重庆洪崖洞为例》，载《科技传播》，2020 年，第 10 期。

个节点。这不仅包括客户的初始接触，也涵盖其对品牌认知的逐步深化，直至最后的购买决策。在此过程中，有效的营销策略是至关重要的，它能够有效促进客户从一个阶段自然过渡到下一个阶段。全链路营销的实施，要求企业对客户行为有深刻的理解，并能预测客户行为，同时综合运用多种营销工具和方法。这包括但不限于内容营销、社交媒体营销、数据分析、个性化推广等。通过这些手段，营销人员能够更精确地定位目标客户，更有效地推进营销流程，从而实现品牌与客户之间的深度连接和最终的目标转化。

第二节　S-O-R 理论

一、S-O-R 理论的提出

行为心理学在 20 世纪的旅游营销中扮演了一个重要角色，尤其是在理解消费者行为方面。华生（Watson）作为行为心理学的创始人，提出了著名的刺激—反应（Stimulus-Response, S-R）理论。该理论的核心观点是，个体的行为反应是由外部刺激触发的。这一理论在心理学领域产生了深远的影响，成为后续研究的基础。基于华生的 S-R 理论，霍华德（Howard）、谢思（Sheth）在 1969 年进一步将这一理论应用于消费者行为的研究。他们认为，来自企业和社会环境的刺激不仅直接影响消费者的行为，还会影响消费者的知觉和学习过程。[①] 这会引发消费者内心的情感

---

① John A.Howard and Jagdish N. Sheth，The Theory of Buyer Behavior（New York: Wiley，1969），pp.37–39.

和认知变化，最终使消费者做出特定的购买决策。S-R 理论为理解消费者行为提供了一个新的视角，强调了外部刺激对消费者内心世界的影响，以及这种影响如何转化为具体的购买行为。

该理论进一步的发展是在 1974 年，梅拉比安（Mehrabian）、拉塞尔（Russell）对 S-R 模型进行了修正。他们在模型中增加了"机体"这一元素，提出了刺激—机体—反应（Stimulus–Organism–Response，S-O-R）理论。[①] 这一修正是对原有理论的进一步拓展，它考虑到了个体的内部状态对行为的影响。在这个理论中，外部环境的刺激首先影响个体的情感状态，这些情感状态又进一步影响个体的行为反应。该理论认识到了情感在行为决策过程中的重要作用，为心理学和市场营销等领域提供了新的研究方向。S-O-R 理论的提出，不仅丰富了行为心理学的理论体系，也为后续的学术研究和实践应用开辟了新的道路。在市场营销领域，这一理论可以帮助研究者和从业者更好地理解消费者的内心世界，以及这些内心活动如何转化为实际的购买行为。通过考虑消费者的情感和认知过程，旅游企业可以更有效地设计市场策略，以满足消费者的需求。

二、S-O-R 理论的研究

本研究深入分析了 S-O-R 理论的三个核心构成部分：外部刺激（Stimulus, S）、机体（Organism, O）和反应（Response, R）。外部刺激即环境中的各种因素，能够促使个体做出某些行为。这些刺激源于周围的环境，如视觉、听觉、触觉等感官接收到的信息，或者是更加抽象的概念，如社会文化背景和个人经历等。这些因素共同作用于个体，引导

---

① Albert Mehrabian and James A. Russell, An Approach to Environmental Psychology（Cambridge: The MIT Press，1974），pp.132–135.

其产生特定的行动或行为。机体即个体受到外部刺激后的内部处理机制。这一阶段涉及个体的认知、情感和生理状态等多方面的综合反应。在面对相同的外部刺激时，由于不同个体的认知差异、情感状态、生理条件不同，其内部处理的过程也各不相同。这一环节是理解 S-O-R 理论的关键，因为它揭示了外部刺激如何被转化为个体的具体反应。反应是指个体在经过内部处理后，对外部刺激做出的具体行为表现。[①]这种反应可以是趋近型的，也可以是趋远型的，取决于个体如何解读和处理这些刺激。例如，一些广告可能激发消费者的购买欲望（趋近型反应），另一些广告则可能因其内容引起消费者的不适或反感（趋远型反应）。

本研究在分析 S-O-R 理论时，特别考虑了梅拉比安、拉塞尔于 1974 年的研究成果，以及恩格乏鲁（Eroglu）、马赫莱特（Machleit）、戴维斯（Davis）于 2003 年的研究发现。[②]基于这些理论基础，本研究进一步扩展了外部刺激的范畴，将实质刺激、符号刺激、社会刺激等纳入研究中。实质刺激主要指对机体造成的本质影响；符号刺激涉及语言、符号以及文化符号等方面的影响；社会刺激主要指的是来自社会互动和社会关系的影响，如社交媒体上的互动、人际关系的建立等。结合这些元素，本研究绘制了一个更新的 S-O-R 模型图（图 2-1），以期更全面地理解和解释在不同情境下个体的行为反应。利用这一模型图，可以更深入地分析个体如何在复杂多变的环境中处理信息，并据此做出相应的行为决策。这一模型图不仅在心理学研究中有着广泛的应用，也为市场营销、广告策略以及消费者行为的研究提供了重要的理论框架。通过理解消费

---

① 樊雅婷：《旅游电子商务网站氛围对购物行为意向的影响机制研究》，硕士学位论文，江南大学，2014 年，第 8—9 页。

② Sevgin A. Eroglu, Karen A. Machleit, and Lenita M. Davis, "Empirical Testing of a Model of Online Store Atmospherics and Shopper Responses," Psychology and Marketing 20, no.2（2003）: 139-150.

者如何在不同的刺激下做出决策，企业和广告商能够更有效地设计市场策略，以吸引客户。

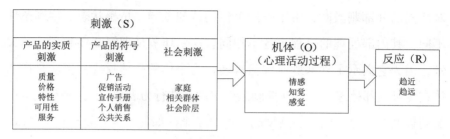

图 2-1 S-O-R 模型图

第三节 4R 营销理论

一、4R 营销理论的概述

1993 年，美国学者唐·E.舒尔茨（Don E. Schultz）等在《重塑消费者：品牌关系》中首次提出了 4R［关联（Relevancy）、关系（Relationship）、节省（Retrenchment）、报酬（Rewards）］营销理论，强调了企业与顾客之间建立传统且新型的主动关系的重要性。[①]2001 年，美国学者艾登伯格（Ettenberg）在《4R 营销》中进一步发展了这一理论，详细阐述了 4R 组合论的核心概念，这包括关联、关系、节省、报酬四个关键的营销要素。

---

① 唐·E.舒尔茨、贝茨·E.巴恩斯、海蒂·舒尔茨、马里安·阿扎罗：《重塑消费者：品牌关系》，沈虹、郭嘉、王维维、王安妮、陈溯译，机械工业出版社 2015 年版，第 49—51 页。

艾登伯格认为，这四个方面共同构成了品牌的价值，并代表了一种新型的营销方法。①根据艾登伯格的观点，企业追求的客户群体应当是数量少但质量高的。消费者在选择购买产品时，不仅考虑产品的实用性，还出于个人的欲望。4R营销理论中提到的四个要素进一步细化为八个核心能力，这一理论的概念模型如图2-2所示。该理论的提出，为企业提供了一个新的视角，强调了在快速变化的市场环境中企业与顾客之间关系的重要性，以及个性化、价值驱动的营销策略的必要性。通过深入理解和应用4R营销理论，企业能够更有效地与目标客户建立持久的关系，实现更高效的市场传播和品牌建设。

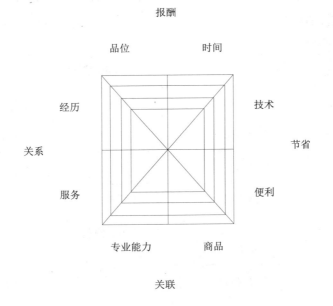

图2-2　4R营销理论的概念模型

---

① 艾略特·艾登伯格：《4R营销》，文武、穆蕊、蒋洁译，企业管理出版社2003年版，第141—168页。

二、4R营销理论与其他相关营销理论的对比

　　4R营销理论与4C营销理论都着眼于满足客户需求，但它们在关注点上存在差异。4R营销理论侧重以竞争对手为参考，强调企业要与客户进行更多的沟通，以建立一种超越传统合作模式的新型关系。与4P〔产品（Product）、价格（Price）、渠道（Place）、促销（Promotion）〕、4C〔顾客（Customer）、成本（Cost）、便利（Convenience）、沟通（Communication）〕营销理论相比，4R营销理论不仅关注满足当前市场的需求，也把企业的经济利润和客户忠诚度作为重要的追求目标，这三种营销理论各自的核心内容及其比较如表2-1所示。

表2-1　4P、4C、4R营销理论对比

对比项目	4P营销理论	4C营销理论	4R营销理论
营销理念	企业导向	客户导向	竞争者导向
营销模式	推动	拉动	合作共赢
营销方式	规模营销	差异营销	整合营销
营销工具	产品、价格、渠道、促销	顾客、成本、便利、沟通	关联、关系、节省、报酬
顾客沟通	单向沟通	双向沟通	双向或多向沟通
满足需求	相同需求	个性化需求	情感需求
投资成本与时间	短期低 长期高	短期较低 长期较高	短期高 长期低
营销目标	追求利润的最大化	通过双向沟通建立稳定关系，明确企业品牌优势	提高顾客忠诚度，追求双赢

由表 2-1 可以看出，4R 营销理论在现代营销策略中的独特地位。它不仅强调满足客户需求，还倡导在竞争激烈的市场环境下，企业应更加注重与客户之间的互动和沟通。这种策略有助于提升企业的市场竞争力和客户忠诚度。可以说，4R 营销理论为企业提供了一个全面的营销视角，帮助经营者在不断变化的市场环境中取得更好的业绩。基于以上研究，本书构建了一个新的 4R 营销理论的概念模型，如图 2-3 所示。

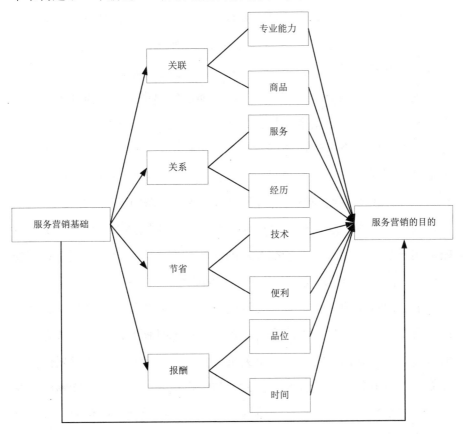

图 2-3　4R 营销理论的概念模型

该概念模型致力将服务营销中的双方关系转化为一种合作关系，目的是与客户建立良好的关系，并给予客户回报。这一概念模型的四个关键营销要素（关联、关系、节省、报酬）被进一步拆分为专业能力、商品、服务、经历、技术、便利、品位、时间八个要素，以实现服务营销的最终目标。

在关联要素中，专业能力和商品是两个核心组成部分。尽管许多客户对品牌有一定的忠诚度，但仍可能受到行业内其他竞争对手的吸引。因此，企业需要通过关联策略来尽可能地稳固客户关系。销售人员的专业能力在服务过程中尤为关键，其直接影响着客户的信任度。商品则需要在满足客户需求之后，进行精心的搭配，创造出最具价值的商品组合。这样的策略不仅能够满足客户的需求，还能够提升服务水平。

关系要素的核心是服务和经历两方面。售出产品并不意味着企业与客户关系的结束，而是企业与客户建立良好关系的起点。服务涉及客户在接触企业的整个过程中的所有方面，包括企业的品牌形象、销售人员的形象和素质等。为了提升服务质量，企业需要对客户信息进行分类和整理，以提供更专业的服务。经历则涉及客户在购买商品或服务之后的心理和生理感受，这些感受可以成为客户区分不同品牌的依据。关系战略的实施目的是通过深入了解客户的消费心理，为客户创造更多难忘的体验，以使客户与品牌之间建立更紧密的联系。

节省要素主要包括技术和便利两方面。随着生活节奏的加快，客户的时间变得更为宝贵，因此采用包含一定技术且便利的方式来节省客户的时间，满足其消费需求变得至关重要。互联网信息技术的发展使得企业能够采用节省战略，这不仅扩大了与客户接触的范围，还能够跨越时间和空间来展示商品信息。优质的服务离不开高效便利的传递方式。显然，节省战略在接近客户的过程中发挥着至关重要的作用，能使企业更加迅速、有效地满足客户需求。

报酬要素的核心包括品位和时间两方面。企业在提供报酬给客户之后，通常会获得更多的收益回报。服务营销中的这一点也需要关注，即如何通过品位和时间两个要素来回报客户。从品位的角度看，人们的需求往往随着时间而逐渐提升，不同的品牌能够给客户带来不同的心理体验。此外，不同的客户有不同的品位偏好，如青少年和老年人的需求可能会有显著的差异。在服务营销中，理解和满足不同客户群体的品位需求是关键。在时间方面，关注点在于节省客户的时间。为此，企业应努力缩短产品的生产时间，并及时提供服务。如果企业以客户的利益为重，便能间接地从中获得利润。在这个过程中，企业必须精准地理解客户的需求，从而提供更符合客户需求的产品和服务。这种策略不仅能够提升客户的满意度，还能提高客户的忠诚度，从而给企业带来长期的利益。

在 4R 营销理论中，专业能力、商品、服务、经历、技术、便利、品位、时间等要素展现了各自的特点，覆盖了关联、关系、节省和报酬这四个关键营销要素。这些能力之所以重要，是因为它们不仅阐释了企业和客户的需求，还能找到满足双方需求的平衡点，促成企业与客户之间互利共赢的关系。这八个核心能力可以灵活组合，从而突出企业的核心竞争力，使企业形成独特的市场优势。在实际操作中，企业为了更好地服务客户并提升营销利润，会对这八个核心能力进行有机的组合和适当的调整。这种差异化的策略使得每家企业都能够根据自身的优势和市场定位来调整和优化营销策略。

在当前的商业环境下，企业要想取得成功，必须拥有大量的高价值客户。因此，通过灵活运用 4R 营销理论中的八个核心能力，企业可以与更多的高价值客户建立有意义、有价值的长期关系。这种策略不仅能帮助企业提升服务质量和客户满意度，还能取得较好的服务营销效果，从而在激烈的市场竞争中占据有利地位。通过这种综合的、灵活的营销方法，企业能够更好地适应市场的变化，满足客户的需求，为自身的可持续发展打下坚实的基础。

第三章　旅游短视频全链路营销方案设计

第一节　旅游短视频目标市场与受众分析

一、旅游短视频目标市场的选择

在市场营销领域，选择目标市场关键是要对不同细分市场进行全面评估。这要求企业对每个细分市场的多个关键指标进行深入分析，包括市场规模、增长潜力、市场结构的吸引力，以及公司的目标和资源配置。其目的是在众多市场中筛选出符合企业需求的一个。市场规模的评估涉及市场的广度和深度，即市场能给企业带来多少销售额。增长率是衡量市场未来发展潜力的关键指标，它反映了市场的变化趋势。市场结构的吸引力评估涵盖市场的竞争程度、客户的需求稳定性等因素，这些都直接影响着企业在市场中的地位。企业还需要考虑自身的目标与资源是否与所选市场相匹配。这包括企业的长期战略目标、财务状况、技术能力、人力资源等。确保这些内部资源与目标市场的特性相符合，是实现市场选择优化的关键。综合这些指标的比较和分析，企业可以确定适合自身发展的目标市场。这不仅有助于企业准确地定位市场，还能确保企业资源的有效利用和长期的可持续发展。[①]在旅游短视频全链路营销方案的设计中，旅游短视频目标市场的选择也应如此。

（一）有效评估市场机会

有效评估市场机会的关键在于理解旅游短视频市场细分的核心目的。

---

① 迈克尔·J.贝克：《市场营销百科》，李垣主译，辽宁教育出版社1998年版，第113—115页。

市场细分旨在通过深入分析客户群体来抓住市场的潜在机遇。这项工作的重要性不仅体现在市场的划分上，还在于结合企业自身竞争优势去审视和选择具体的细分市场，这一过程有助于明确企业的收入来源。[1] 显然，在广泛的市场细分中，并非每个市场都适合每个企业进入。换言之，不是每个细分市场对企业都具有同等的吸引力。事实上，大部分市场对公司的长远发展而言，可能毫无意义或价值甚小。因此，企业在完成市场细分后，需在各个细分市场之间进行慎重的权衡，从而精准确定公司最终欲进入的目标市场。[2] 这种评估方式本质上是一种战略性思考，它要求企业不仅识别和理解每个细分市场的特性，还要评估自身在这些市场中的竞争力和潜在收益。通过这种方法，企业可以有效避免盲目扩张或投资低回报的市场，从而优化资源配置，提高市场竞争力。

在当前的商业环境下，市场竞争的激烈性和市场需求的不断变化促使企业必须持续探索新的市场机遇，以保持发展动力。市场机会可以定义为市场上尚未得到充分满足的需求，这些需求代表了企业营销管理中具有吸引力的领域。在这些领域，企业有望建立和维持竞争优势。市场选择的关键在于分析企业所拥有的资源条件与其经营目标，以确保这些因素与细分市场的需求能够实现良好对接。然而，并不是所有规模可观的细分市场都适合每一家公司。如果某个细分市场虽然规模庞大，但与企业的经营目标不相符，或者公司的资源条件无法满足市场需求，那么公司可能不得不放弃这一市场。故而，旅游企业必须明确自己的经营目标，同时准确评估现有资源和能力，包括经营规模、技术水平、管理能力、资金来源和员工素质等方面。在此评估过程中，企业需要考虑市场

[1]　Wendell R. Smith, "Product Differentiation and Market Segmentation as Alternative marketing Strategies,"Journal of Marketing 21, no.1(1956): 3–8.

[2]　罗纪宁：《市场细分研究综述：回顾与展望》，载《山东大学学报（哲学社会科学版）》，2003年，第6期。

的潜在价值，为挖掘市场的潜在价值、抓住市场机遇投入资源和做出努力。这不仅涉及对市场需求的深入理解，还包括对企业内部资源和能力的全面分析。通过这种全面的评估，企业可以更加精准地识别那些既符合市场需求又与公司资源和目标相契合的市场机会。

在当前的商业环境中，有效评估旅游短视频市场机会也要注重对企业资源的全面理解和有效利用。企业资源包括财力、物力和人力资源，如资金规模、资金筹集能力、企业规模、技术水平以及人力资源开发等。这些因素共同决定了企业的实力和资源整合能力。对资源丰富、规模庞大且市场开拓能力强的企业来说，当面对的市场是需求一致的同质市场时，其应考虑采取更广泛的市场策略。这包括实施广泛的目标市场策略，同时在广阔的市场上应用统一的营销组合策略，以满足消费者的需求。相反，如果企业的资源有限且规模较小，那么其应专注那些能够最大限度发挥自身资源优势的领域和行业。这样的企业应实施集中的专业化目标市场策略，在特定的市场领域提供卓越的产品和服务，以精细化的方式满足消费者的需求。进一步而言，资源充足且能够满足多元市场需求的企业面对的是需求多样化的异质市场，应该选择多个目标市场。在这种情况下，企业应根据不同市场的具体需求，采取差异化的市场营销策略。这意味着企业要灵活运用资源，以满足不同市场的需求。另外，企业在选择目标市场时，应优先考虑能够最大化其资源优势的子市场。通过在这些特定市场上精准定位，企业可以更有效地发挥自己的竞争优势，提高市场渗透率，获得更多的利润。

旅游短视频制作企业的经营者应依据消费者的同质需求进行旅游短视频的设计和制作。这些具有同质需求的消费者群体的规模取决于企业对同质需求的细分程度。需要注意的是，这种细分程度应与企业能够实现平均利润的生产批量相适应。目标市场的核心在于充分满足消费者的特定需求。在进行传统的市场细分时，企业需要同时考虑满足消费者的同质需求和保持生产的经济性。因此，对消费者而言，这种市场的划分是初步的。随着互联网的出现，工业经济时代的大型机械工业生产模式与满足个别客户需求的定制营销策略能够完美融合，形成了硬性化生产和定制营销相结合的网络营销模式。在这种模式下，消费者可以通过网络查询所需产品的具体信息，并直接购买。在网络营销的背景下，企业可以将产品中符合消费者共同需求的部分进行批量生产，以此获得成本效益；产品中不同顾客指定的个性化部分则采用柔性化生产方式。这样企业能够以较低的成本和价格，为客户提供满足其个性化需求的产品，真正从消费者需求出发实现目标市场营销。通过这种策略，企业能够有效进入相应的细分市场，既能避免因资源不足造成的损失，也能规避资源过剩带来的浪费。[①] 这种策略的实施，标志着企业对市场需求的深入理解和对生产方式的灵活应用，体现了现代企业营销策略的高效性和创新性。

（二）客观分析市场需求潜量

此项研究聚焦判断潜在细分市场是否具备足够的规模和增长潜力，市场规模的决定因素主要是客户的购买力，而客户的购买力会受到当地消费习惯以及客户对企业营销策略反应的敏感程度的影响。对规模的适当性，这是一个相对的观点。规模较大的企业可能更倾向选择销售量大的市场，对规模较小的市场不太感兴趣；相对而言，规模较小的企业可能由于资源和实力限制，故意避开规模较大市场。在分析市场规模时，不仅要考虑现有规模，还应考虑市场的发展潜力。若某个细分市场现有规模虽大，但缺乏发展潜力，企业在该市场发展一段时间后可能会遇到发展瓶颈，从而影响其长期发展。需要注意的是，企业在选择市场时，

---

① 菲利普·科特勒：《科特勒谈营销》，高登第译，浙江人民出版社 2002 年版，第56—59 页。

不应将市场规模和发展潜力作为唯一的考量标准。特别是要避免陷入与竞争对手相同的思维模式，即只将规模最大、发展潜力最佳的细分市场作为目标市场。多家企业竞相争夺同一客户群体可能导致过度竞争和社会资源不必要的浪费，而且这种做法可能导致忽视客户某些可满足的需求，因此，企业在选择细分市场时，需要更加全面和深入地考虑各种因素，确保所选市场不仅符合企业的长期发展战略，也能有效利用社会资源，满足客户多样化的需求。通过这种方法，企业可以在激烈的市场竞争中找到合适的定位，实现可持续发展。

在商业领域，准确预测未来产品或服务的需求量通常是一项具有挑战性的任务。这主要是因为只有在需求稳定、市场中的竞争关系固定不变的情况下，企业才能较为清晰地预测未来的情况。在这种理想状态下，各企业的策略都较为明朗，可以进行有效的预测。然而，这种情况在大多数市场上并不常见。更常见的是，客户需求和市场供给频繁变化，使得可靠预测成为企业成功驾驭市场的关键。如果企业不能准确预测市场需求，可能会导致库存过剩或不足，这两种情况都可能对企业的整体营销运作产生不利影响。预测的不稳定性越大，对企业造成的破坏性也越大。因此，在变幻莫测的市场环境中，企业需要制定更为精准和灵活的预测机制，以确保有效应对市场的快速变化。这种预测机制的重要性在于它能够帮助企业在不断变化的市场条件下，及时调整策略和资源配置。准确的市场需求预测还直接影响着企业的财务状况、客户满意度、市场竞争力。因此，企业必须不断提高自己的市场分析和预测能力，以在竞争激烈的市场环境中保持优势。通过对市场动态的敏感捕捉和对未来趋势的科学预测，企业可以更加有效地规划业务策略和运营决策，从而在复杂多变的市场中稳健发展。

市场需求的确切定义涉及一定的地理区域、特定的营销环境、具体的营销方案，以及在这些条件下，特定客户群体愿意且能够购买的产品数量。市场需求并非一个静态的数字，而是一个由多个变量组成的函数，可以称作市场需求函数或市场反应函数。在分析市场需求总量时，通常考虑市场潜量和销售潜量两个概念。市场潜量指的是在给定条件下，当整个行业的营销活动达到最大限度时，市场需求的总量。销售潜量则是指在竞争对手既定条件下，企业通过营销努力所能达到的销售极限。这些概念有助于企业更好地理解和预测市场需求的动态变化。另外，市场需求函数揭示了市场需求与诸多因素之间的复杂关系，包括地理位置、市场条件、营销策略和客户群体特征等。理解这些关系对制定有效的营销策略和预测市场趋势至关重要。市场潜量的分析使企业能够评估在最佳市场条件下的最大市场潜力，而销售潜量的分析能帮助企业了解在现有竞争环境下，通过营销活动所达到的销售潜力。这为企业提供了不同的视角，以评估市场机会和制定相应的营销策略。

测定市场潜量的方法有许多，包括多因素指数分析法、购买意图调查法、销售人员意见法、专家意见法等。通常市场潜量的计算采用以下公式：

$$Q = nqP$$

在此公式中，潜在消费者数量是指可能对特定产品或服务感兴趣的消费者总数。每个消费者的平均购买量是指预期在一定时间内每个潜在消费者的平均购买次数。平均销售价格是指每次购买的平均价格。运用这个公式，企业能够对潜在的市场规模有一个大致的估计，这对战略规划和资源分配至关重要。了解市场潜量有助于企业制定更有效的市场进入策略，评估潜在的市场机会，并对竞争环境进行更准确的分析。该公式提供了一个参考框架，帮助企业确定市场目标、定价策略以及需要实现的销售目标。市场潜量评估和分析是企业适应市场变化、优化产品和服务、提升市场竞争力的重要手段。

多因素指数分析法是评估消费者市场潜量的一个关键方法，它对市场潜量估算做出了重要贡献。这种方法结合多个指标来评估市场潜量，并在计算过程中给予每个指标一定的权重。其优势在于它能够综合考虑多个相关因素，提供一个更为全面和精确的市场潜量估算。通过多因素指数分析法，企业可以更好地理解和预测特定市场的潜在需求，从而在市场策略的制定上更加精准。这种综合多个变量的方法能够帮助企业避免因单一因素分析带来的局限性，从而更全面地把握市场动态。对企业而言，多因素指数分析法提供了一个强大的工具，有利于企业评估市场潜力并制定相应的市场进入和发展策略。

购买意图调查法是一种在特定条件下预测购买者购买量和购买水平的方法，此法的有效性依赖购买者对自己购买意图的明确理解及其愿意将这些信息传递给调查者。如果这些条件得到满足，购买意图调查法能提供具有一定价值的实际信息。调查通常包括询问消费者关于其当前和未来的财务状况，以及对经济前景的看法。同时，一些短视频营销平台会向咨询公司或信息机构购买相关数据，希望通过这些数据来预测消费者购买意图的主要变化趋势，并据此调整其生产和营销计划。购买意图调查法是评估市场潜量的有效方法之一，使用该方法，企业能够更全面地了解市场动态，为生产和营销决策提供有力的数据支持。

销售人员意见法也是评估市场潜量的有效方法之一。当从消费者那里获取有效数据困难时，企业可以依赖销售人员的信息来进行市场需求潜量的分析。销售人员进行市场预测的优势在于，通常，对市场需求潜量的发展趋势的判断，销售人员拥有更准确和敏锐的洞察力。此外，销售人员参与预测过程能够增强其对分配的销售目标的信心，并增强其达成销售目标的动力。

专家意见法是企业通过咨询专家获取市场需求潜量预测的一种方法，也被称为"利用外脑"策略。这些专家通常包括经销商、分销商、供应商、营销顾问、咨询公司等。短视频制作公司一般通过购买知名营销咨询公司提供的经济和行业发展趋势报告来获得专家意见。这些营销专家由于其地位优势，相较经销商、分销商、供应商等拥有更加敏锐的观察力和更先进的技术及预测手段。因此，这些专家提供的预测结果通常更加精准和具有前瞻性，可信度较高。短视频制作公司还可能邀请一批专家组成小组，专门对市场需求潜量进行预测、分析。在进行专家小组预测时，公司可以采取不同的方法。一种是组织专家进行交流和讨论，通过小组讨论得出市场需求潜量的预测结果。另一种是请各位专家独立提出具体的预测结果，随后由一位权威分析家汇总这些预测结果，形成一个综合性的、有代表性的预测结果。还有一种方法是让专家提出各自的设想，之后由公司的专业团队进行汇总和分析，最终得出一个实际可行的预测方案。专家意见法为短视频制作公司在面对复杂的市场环境时提供了一个有价值的预测工具。通过汇集不同专家的观点和知识，公司能够更全面地理解市场趋势，制订更符合市场需求的短视频制作和营销计划，这种方法的多样性和灵活性使其成为市场预测中的重要手段之一。

（三）分析结构吸引力

即便一个细分市场具备适当的规模和发展潜力，它仍可能缺乏足够的盈利能力，哪怕其规模和发展看似理想。公司的盈利能力主要取决于其所在行业的盈利状况，而行业的盈利能力则与该行业内的竞争强度密切相关。因此，行业的选择对公司是否能够实现超过平均水平的投资回报率有着至关重要的影响。管理学领域的权威人物迈克尔·波特（Micheal Porter）提出，一个市场或细分市场的长期盈利能力由五个关键因素决定：同行业竞争者的威胁、潜在竞争者的威胁、替代产品的威胁、客户的议价能力和供应商的议价能力。[①] 这些因素共同影响着市场的竞争格局和盈利潜力。波特的这一观点强调了市场选择对企业盈利能力的深

---

① 迈克尔·波特：《竞争战略》，陈丽芳译，中信出版社 2014 年版，第 21—22 页。

远影响，通过综合考虑这些因素，企业能够更有效地评估潜在市场的吸引力和盈利前景，也能更准确地制定策略，以应对市场竞争和提升自身的盈利能力。在面对不同的细分市场时，企业需要仔细分析这些竞争和议价因素，以确定最佳的市场定位和运营策略，从而实现长期的盈利和可持续发展。

当众多竞争对手势均力敌地进入或参与同一细分市场，或者该市场已有许多强有力的竞争企业时，这个细分市场的吸引力通常会减弱。同样，如果进入某个细分市场的障碍较小，它的吸引力也会相应降低。而且，当替代品具有较高吸引力时，该细分市场盈利的可能性会受到较大限制，从而降低其吸引力。客户和供应商的议价能力也是影响市场吸引力的重要因素。如果细分市场中的购买者具有较强的议价能力，或者供应商提升价格或降低产品质量及服务水平，那么这个市场的吸引力同样会下降。一般而言，一个细分市场的结构吸引力是由同行业竞争者的威胁、潜在竞争者的威胁、替代产品的威胁、客户的议价能力和供应商的议价能力五种因素的交互作用所决定的。因此，在选择目标市场时，企业需要仔细分析每个细分市场在这五个方面的表现。这是一个不可忽视的步骤，它能帮助企业深入理解市场的竞争环境，从而做出更加明智的市场选择决策。通过综合考虑这些因素，企业能够更有效地评估各细分市场的潜在价值和风险，从而制定出更加合理和具有针对性的市场策略，旅游短视频全链路营销显然也不例外。

通常短视频制作公司的盈利能力与其所处行业的盈利水平密切相关，而行业盈利水平受行业内部各公司之间竞争强度的影响。当行业竞争加剧时，各公司的盈利水平往往下降；相反，竞争较弱时，公司的盈利水平则有所提升。因此，选择正确的行业对公司是否能够获得超出平均水平的投资回报具有决定性作用。行业内部的竞争指的是现有公司之间的竞争，它是决定行业结构吸引力的关键因素。如果行业内部公司之间展开激烈的竞争，那么行业内所有公司都难以获得稳定的利润。在影响行业竞争程度的五个主要因素（同行业竞争者的威胁、潜在竞争者的威胁、替代产品的威胁、客户的议价能力和供应商的议价能力）中，同行业竞争者的威胁最为关键。如果行业内部出现恶性竞争，其他四种因素往往也会呈现恶性循环的态势。相反，如果行业内部竞争呈现良性态势，其他四种因素也会朝着有利的方向变化。行业内部竞争加剧的可能原因如下：当竞争者众多且实力相当时，往往难以形成共识或达成协调一致的策略，导致竞争加剧。如果行业内竞争对手提供的产品或服务相似，消费者难以区分，通常结果是通过降价或提升服务来吸引顾客，从而导致价格和服务上的激烈竞争。行业能力过剩的情况通常出现在市场初期需求旺盛、供不应求的情况下。随着市场供应的增加和需求的相对下降，市场出现供求不平衡、产品过剩，导致公司之间的恶性价格竞争。

（四）明确获利状况

市场细分所提供的盈利潜力是企业需要考虑的一个重要因素，企业的经营目标最终聚焦于盈利，只有获得利润，企业才能持续生存和发展，所以细分市场应当能够为企业带来预期的或合理的利润回报。这也意味着在最终决定目标市场之前，企业需对细分市场从多个方面进行综合评估。随后，根据企业的战略定位和核心理念，挑选出最适合的子市场作为目标市场。目标市场是企业针对现实或潜在消费需求而专门开拓的特定市场。这个特定市场的选定是基于市场细分过程中识别出的商业机会。换言之，目标市场是企业综合考虑自身资源、技术能力、管理水平和竞争环境等因素后，从众多细分市场中选择的对自身最有利的一个或几个子市场。

在选定目标市场时，企业需要重点关注五个关键因素：市场的年平均增长率、进入和退出市场的难易程度、市场容量、收益潜力以及企业的目标和资源。企业应通过检验和评估的方法来分析每个细分市场的吸引力。一旦目标市场确定，企业接下来的任务是制定针对该市场的营销策略。这一过程覆盖多个方面，包括产品定位、发展方向、新技术的引进和开发，以及如何有效地在目标市场应用营销策略。这些要素共同构成了企业的市场细分战略，成为帮助其明确选择目标市场的依据。因此，企业在确定目标市场时不仅要考虑市场本身的特点和潜力，还需要考虑自身的资源和战略方向。通过全面的评估和策略规划，企业可以更加精准地确定目标市场，并制定有效的市场细分战略，以实现在目标市场的可持续发展。

二、旅游短视频目标市场的受众分析

（一）问卷发放与收集

本研究主要调查 Vlog 受众，采取在线问卷的方式进行。问卷的收集期限定于 2020 年 3 月 1 日至 15 日。在此期间，共发放了 388 份调查问卷，最终收回了 378 份问卷，其中有效填写的问卷共计 369 份。

（二）问卷设计

本研究专注深入了解 Vlog 受众，通过精心设计的问卷进行调查。这份问卷分为两个主要部分：第一部分专注收集受众的基本信息，如年龄、性别、职业等；第二部分则专注了解受众观看 Vlog 的习惯，包括观看频率、偏好的 Vlog 类型以及观看平台等。这些详细的题项在表 3-1 中有具体展示，旨在揭示 Vlog 受众的特征和行为模式，为相关领域的研究和实践提供有价值的信息。

表 3-1　调查问卷的内容结构

Vlog 受众的基本信息	1.Vlog 受众的性别比例 2.Vlog 受众的年龄分布情况 3.Vlog 受众的学历结构 4.Vlog 受众的职业分布情况 5.Vlog 受众的地域分布情况
Vlog 受众观看 Vlog 的情况	1.Vlog 受众观看 Vlog 的方式 2.Vlog 受众观看 Vlog 的类型和频率 3.Vlog 受众观看 Vlog 产生的互动方式

（三）Vlog 受众调查结果

在本研究中，对收集到的问卷数据，笔者主要利用了问卷星的后台统计功能进行初步分析。这种分析主要包括数据的汇总和基本统计。为了对特定问题的数据进行更精细的分析，本研究还使用了 SPSS 25.0 软件。通过这个软件，笔者进行了描述性分析，这不仅包括基础的统计数据，如均值、标准差等，还包括数据分布的趋势和模式。这样的深入分析有助于更好地理解调查结果，为研究提供更为全面和深入的支持。

1. Vlog 受众的基本信息

（1）Vlog 受众的性别比例。在探索当下 Vlog 受众构成情况时，笔者发现女性观众在这一领域占据了较大的比例，成为 Vlog 的主要受众。这一现象不仅反映了女性对 Vlog 的浓厚兴趣，还揭示了内容创作与女性偏好之间的紧密联系。

图 3-1 的调研结果进一步强调了女性在 Vlog 受众中的主导地位。369 份有效问卷中有 290 份来自女性的问卷，占比达到 79%。相比之下，仅有 79 份男性的问卷，占比仅 21%。这一发现对 Vlog 内容的创作者和营销策略制定者来说具有重要意义，因为这说明在制作和推广 Vlog 时，需要多考虑女性观众的偏好。同时，这也可能促使 Vlog 创作者和营销策

略制定者更加关注男性观众市场，探索如何激发其兴趣。

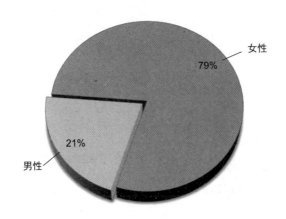

图 3-1　Vlog 受众的性别比例调查结果

（2）Vlog 受众的年龄分布情况。图 3-2 的年龄分布数据进一步揭示了 Vlog 受众的广泛性。以 18—25 岁的年轻群体为主体的同时，Vlog 也在其他年龄段中获得了关注。虽然 31 岁以上的受众比例相对较小，但其存在就表明 Vlog 的内容和形式具有跨年龄层的吸引力。特别是对 51 岁以上的网民，虽然这一部分调查人群在样本中所占比例不大，但这一趋势的出现表明 Vlog 正在渗透到更成熟的人群中。这也意味着 Vlog 创作者和平台有机会拓展其内容和营销策略，以更好地服务这一观众群体。这一数据对理解互联网使用和视频内容消费的趋势变化具有重要意义，不仅反映了当前的用户偏好和市场趋势，也为未来的内容创作和市场定位提供了客观依据。随着互联网用户年龄层的不断扩展，Vlog 的风格、主题和传播方式可能会进一步演变，以适应更多样化的受众需求。

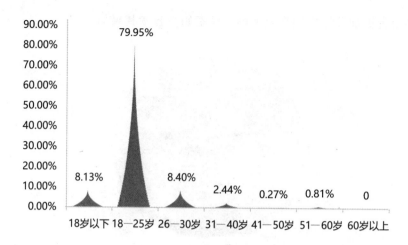

图 3-2　Vlog 受众的年龄分布情况调查结果

（3）Vlog 受众的学历结构。表 3-2 展示了 Vlog 受众的学历结构调查结果，其教育水平分布情况进一步揭示了 Vlog 受众的特点。其中，具有本科学历的受众占据绝大多数，这可能反映了高学历群体对新媒体和现代信息技术的接受度和使用率相对较高。另外，高中、中专及以下学历，大专学历，硕士及以上学历的受众虽然占比较小，但这些群体的存在显示了 Vlog 对不同教育水平受众的吸引力。这种学历分布的数据对 Vlog 内容创作者和营销策略制定者来说非常有价值，因为这提供了关于目标受众的重要信息。了解观众的教育背景有助于创作者更精准地定位其内容，从而吸引不同学历的受众。同时，这也能鼓励内容创作者探索更多样化的主题和风格，以满足不同学历的受众的多元化需求。

表 3-2　Vlog受众的学历结构调查结果

选项	人数	所占比例
高中、中专及以下学历	38	10.30%
大专学历	20	5.42%

续　表

选项	人数	所占比例
本科学历	264	71.54%
硕士及以上学历	47	12.74%
总计	369	100.00%

（4）Vlog 受众的职业分布情况。图 3-3 提供了关于 Vlog 受众职业分布情况的关键数据。其中，学生占据主导地位，占总样本的 74%。这体现了学生对新媒体和数字内容的高接受度，以及在互联网文化中较高的活跃度。企业职员、事业单位员工和自由职业者虽然在样本中占比较小，但他们的存在表明 Vlog 同样吸引着职场人士和其他工作领域的人。了解这些数据，有助于创作者更好地定制内容，以满足不同观众的需求。这也提示创作者有必要探索更多元化的内容策略，以吸引除学生之外的其他受众群体。

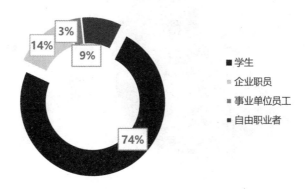

图 3-3　Vlog 受众的职业分布情况调查结果

（5）Vlog 受众的地域分布情况。图 3-4 展示了 Vlog 受众的地域分布情况调查结果。这一调查结果揭示了明显的地域倾向。居住在各省会及其他二线城市的受众人数最多，共计145人，占据样本总数的39.30%。北京、上海、广州、深圳等一线城市的观众共105人，占比为28.46%。三线及以下城市的受众数量为88人，占总样本的23.85%。乡镇地区人数较少，仅有20人，占5.42%。国外观众人数最少，仅11人，占2.98%。这些数据不仅揭示了Vlog受众的地域分布情况，也反映了不同级别城市中人们的网络使用习惯和文化消费模式的差异。一线、二线城市是Vlog受众的主要聚集地，这可能与这些城市较高的网络普及率、居民的消费能力和对新兴媒体形式的接受度有关。相比之下，三线及以下城市和乡镇地区的观众虽然在数量上不占优势，但其存在也反映了Vlog作为一种新的媒介形式正逐渐向更广泛的地区扩散。这一趋势可能给Vlog内容创作者带来新的挑战和机遇，即如何在留住现有受众的同时，吸引不同地区的观众。

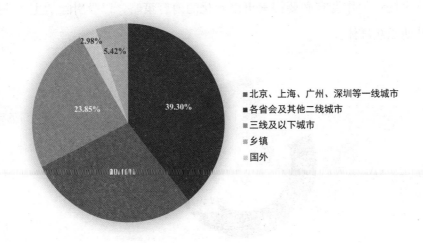

图3-4　Vlog受众的地域分布情况调查结果

2. Vlog受众观看Vlog的情况

（1）Vlog受众观看Vlog的方式。随着短视频成为一种流行的娱乐和信息传播方式，了解观众如何选择和消费这些内容变得至关重要。在数字时代，观众的选择不仅受内容本身的影响，还与观看方式紧密相关。表 3-3 和表 3-4 展示了 Vlog 受众观看 Vlog 的方式调查结果。

表 3-3　Vlog受众观看Vlog的方式调查结果（1）

选项	极不同意	不同意	一般	同意	非常赞同
短视频平台推送	4.88%	8.91%	42.82%	36.04%	7.32%
博主购买推广或宣传	18.97%	27.91%	38.21%	13.55%	1.36%
自己寻找感兴趣的内容	2.17%	1.36%	11.11%	45.53%	39.84%
亲朋好友的推荐	3.79%	5.96%	29.27%	51.49%	9.49%

表 3-4　Vlog受众观看Vlog的方式调查结果（2）

选项	个案数量	最小值	最大值	平均值	标准差
短视频平台推送	369	1	5	3.32	0.195
博主购买推广或宣传	369	1	5	2.50	0.992
自己寻找感兴趣的内容	369	1	5	4.20	0.850
亲朋好友的推荐	369	1	5	3.57	0.885

表 3-3 和表 3-4 的核心在于分析 Vlog 受众观看 Vlog 方式的偏好。为此，调查问卷中设计了 4 个观看方式：短视频平台推送、博主购买推广或宣传、自己寻找感兴趣的内容和亲朋好友的推荐。参与者的反应采用 5 级评分制度，分别对应"极不同意""不同意""一般""同意""非常赞同"，从而构成了一个 1—5 的评分体系。研究重点在于探讨受众对被动接收信息（如短视频平台推送和博主购买推广或宣传）与主动获取信息（如自己寻找感兴趣的内容和亲朋好友的推荐）的不同态度，见表 3-3。其中，"自己寻找感兴趣的内容"这一选项的平均分值最高，"博主购买推广或宣传"这一选项的平均分值最低。这说明在选择观看 Vlog 时，受众更倾向自己主动寻找符合个人兴趣的内容，而非仅仅被动接受推广者的推广。

这一发现对理解当前数字时代下的媒体消费者行为至关重要，突出了消费者在信息获取过程中的主动性，以及消费者对个性化内容的偏好。此外，这也强调了人际关系对数字媒体内容选择的影响，其中亲朋好友的推荐在受众决定观看何种 Vlog 时起着重要作用。这种观看行为的偏好指向了受众在数字媒体环境中对个性化和社交互动的高度重视，受众不再是被动的内容消费者，而是积极参与到内容选择和观看过程中，其做出的选择不仅基于个人的兴趣，还受社交网络中他人意见的影响。对内容创作者而言，这意味着自己要不断创新视频内容，以满足受众对个性化内容的需求。

（2）Vlog 受众观看 Vlog 的类型和频率。在数字化时代，短视频作为一种受欢迎的传播形式，其多样性成了媒体研究的重要议题。不同类别的 Vlog 呈现出不同的特点，这不仅体现了创作者的创意和表达方式，也揭示了观众的兴趣。图 3-5 展示了在一些视频平台上，受众常观看哪些类型的 Vlog。

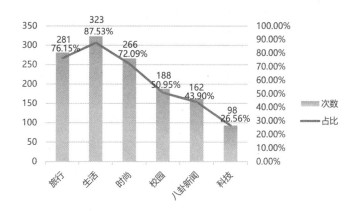

图 3-5　Vlog 受众观看 Vlog 的类型和频率调查结果

　　由图 3-5 可知，本问卷调查中的调查对象主要观看的是旅行、生活、时尚、校园、八卦新闻及科技类的 Vlog。根据调查结果可知，生活、旅行和时尚这三个类别的 Vlog 观看次数最多，分别达到了 323 次、281 次、266 次，观看频率分别为 87.53%、76.15%、72.09%。这一数据分析表明，生活、旅行和时尚类的 Vlog 更受欢迎。这种选择不仅反映了观众的偏好，也体现了 Vlog 在传递日常生活美学、提供旅行灵感和展示时尚趋势方面的潜在价值。观众选择观看这些类别的 Vlog，既是出于对内容的兴趣，又是因为这些视频能够展现内容的真实性和创造性。

　　（3）Vlog 受众观看 Vlog 产生的互动方式。观众在观看 Vlog 时常常会选择一些互动方式，如发弹幕、评论区互动等，具体如图 3-6 所示。这些互动方式为 Vlog 创造了一种独特的社区感，使观众不再是被动的内容消费者，而成了活跃的参与者。这一点对短视频创作者来说至关重要，因为这提供了关于观众偏好的直接信息，有助于短视频创作者调整和优化内容，更好地满足观众的需求。

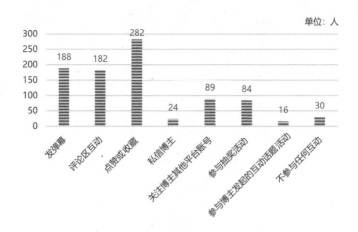

图 3-6 Vlog 受众观看 Vlog 产生的互动方式调查结果

由图 3-6 可知，"点赞或收藏"是最受欢迎的选择，占比高达 76.42%。在各种 Vlog 发布平台上，点赞、收藏通常是最简单且直接的互动形式。"发弹幕"和"评论区互动"的占比分别为 50.95% 和 49.32%。弹幕作为一种流行的互动方式，以实时性和简便性受到广泛欢迎，能够为观众提供一种陪伴感和即时反馈的体验。这种互动方式的流行反映了观众对快速、即时互动方式的偏好，这与当代社会快节奏的生活方式相协调。评论区互动作为一种传统的互动形式，延续了从文字博客时代至今的互动习惯。调查结果还显示，选择频率最低的互动方式是"参与博主发起的互动话题活动"，仅占 4.34%。这种活动通常要求观众按照指定的主题进行 Vlog 创作，并发布在指定平台的话题中，由于过程相对复杂，因此在快节奏的信息时代中，并不受观众青睐。

第二节　旅游短视频内容创意与制作

一、创作主题选材独特

（一）选择的主题应具有创意性

创意性的主题选择在于能够为观众提供新颖而独特的观看体验。在数字化时代，观众接触到的信息量巨大，只有与众不同的内容才能够脱颖而出，受到观众的青睐。例如，传统的旅游短视频可能集中在热门景点和常见活动上，而具有创意性的主题选择可能会关注边缘化的地区、少数民族的文化或特殊的自然现象。这样的内容不仅能够展示旅游目的地的多样性，还能够提高旅游短视频的深度和广度，从而吸引更多的观众。

创意性的主题选择有助于构建品牌形象和区分市场定位。在旅游短视频制作中，一个独特且富有创意的主题可以作为短视频的卖点，使短视频在众多内容中脱颖而出，为观众留下深刻印象。

创意性主题的选择也是旅游短视频全链路营销方案的重要组成部分。有创意的旅游短视频是吸引消费者、促进分享和提高影响力的关键。因此，在制作旅游短视频时，要重视创意性主题的选择。

（二）主题应蕴含一定的文化内涵

短视频的主题应蕴含一定的文化内涵，这对激发和维持观众的兴趣至关重要。观众观看旅游短视频时，不仅希望看到美丽的景色，也希望通过视频深入了解目的地的文化和历史。例如，通过展示当地的民间传说、节日庆典或传统工艺，旅游短视频可以让观众感受到目的地独特的文化氛围，从而获得良好的观看体验。而且，文化内涵的融入有助于短视频凸显差异化、个性化。在旅游短视频的制作中，注重文化元素的深入挖掘和创新表现，可以使旅游短视频在众多类似的内容中脱颖而出。

在全链路营销的策略中，文化内涵的展现是提高内容传播效率的关键。一个具有丰富文化内涵的旅游短视频更容易在社交媒体上引起讨论，从而提高其曝光率。这种具有文化内涵的旅游短视频不仅是一种娱乐视频，也是一种教育和信息传播的工具。同时，强调文化内涵有助于提升目的地的品牌形象。一个能够有效传达地方文化的旅游短视频，不仅能够展示目的地的美景，还能够深化消费者对该地区文化和历史的理解。这种深度的文化传播有助于塑造目的地的独特形象，增强其在潜在游客心中的吸引力。值得注意的是，注重文化内涵的展现是对目的地文化的一种尊重和保护。通过旅游短视频传播地方文化，可以加深公众对地方文化的认识，有助于文化的保护和传承。

二、通过场景呈现构建美学图景

（一）场景的文化符号化

在全链路营销的大背景下，场景的文化符号化不仅能够提升视频的吸引力和传播效力，还能够深化观众对旅游目的地文化的理解。

场景作为文化符号的视觉化表达形式，能够有效地传递深厚的文化内涵和生活美学。旅游短视频中的每一个场景不仅是一个物理空间的展示，也是一个故事、一个时代、一个文化的缩影。在众多的旅游短视频中，那些能够巧妙利用场景作为文化符号来讲述故事的短视频往往更能引发观众的共鸣。比如，展示一个古老的庙宇，不仅要展示其建筑美，也要讲述其历史，展现其精神。

场景的文化符号化有利于促进短视频的传播。当观众被视频中具有一定文化内涵的场景吸引时，更有可能将其分享到社交媒体或与他人讨论，从而扩大视频的传播范围。这种分享不仅传播了视频内容，也是对文化的传播。

（二）情感共鸣与故事叙述

情感共鸣是观众与视频内容建立深层次联系的桥梁。观众在观看旅游短视频时，欣赏的不仅是美丽景色，也是在体验与之相关的故事和情感。例如，展示一个充满回忆的老街、一个有着历史故事的古迹或某个地方居民的日常生活，这些都能触动观众的情感，使其感同身受。通过这样的情感共鸣，旅游短视频对观众来说不仅是一种视觉上的享受，还触动了其心灵。故事叙述则是提升视频深度的有效方式，一个好的故事能够带领观众穿越时间和空间，体验不同的文化和生活方式。在旅游短视频中，通过讲述富有吸引力的故事，如当地的传说、节日庆典或历史事件，可以使视频内容更加生动和有趣。这种故事叙述不仅增加了视频的娱乐性和教育价值，还能够增强观众对目的地的好奇心和探索欲。

在全链路营销中，将情感和故事融入旅游短视频中有利于短视频的快速传播。情感化的内容更容易引起观众的共鸣，激发观众分享的欲望。一个充满故事和情感的旅游短视频更有可能在社交媒体上被人分享和讨论，从而吸引更多潜在观众的关注。此外，这样的内容也更容易被旅游博客、杂志或其他媒体采用，进一步提高旅游短视频的影响力，扩大其覆盖范围。

三、出镜主体展现朴实无华的地方特色

（一）展现家庭价值

家庭是社会的基本单元，体现了一个地区的文化传统和生活方式。家庭价值的展现可以使观众感受到目的地的人文温暖。在众多的旅游短视频中，那些能够深入展现当地家庭生活和文化的视频往往更能获得观众的关注。通过真实而贴近生活的家庭场景，旅游短视频能够在众多类似内容中脱颖而出，为观众提供独特且难忘的观看体验。因此，旅游短视频可以通过展示当地家庭成员的日常生活、相互之间的互动，来让观众感受目的地的人情味，进而引发观众的情感共鸣。

（二）展现社区中的人际互动

展现社区中的人际互动能够为观众提供深入了解目的地的机会。在旅游短视频中，当地居民的日常互动和活动展示了一种生活方式，是文化和社区精神的体现。通过展示当地人的日常生活，如市场上的热闹场景、邻里间的互助活动等，观众能够更直观地感受到当地社区的氛围和生活节奏。这种深入的体验远远超过了简单的景点游览，能够给观众留下深刻的印象。社区中人际互动的展现还能够引发人们对视频内容的情感共鸣。观众看到居民间的友好交流、邻里之间的帮助时，可能会联想到自己的生活经验，从而与视频内容产生更深的情感联系。

在全链路营销策略中，展现社区中的人际互动是提高短视频传播效果的重要手段。包含社区生活的短视频通常具有较强的可分享性和讨论价值，能够有效地提高视频的在线可见度和观众参与度，为观众提供更好的观看体验。

（三）描绘人与自然的和谐共生

在旅游短视频的制作过程中，应注重描绘人与自然的和谐共生。这种描绘方式不仅展现了地方的生态环境，也反映了当地对自然的尊重和珍惜。在现代社会，人们越来越渴望亲近自然，体验自然生活的宁静与美好。因此，展示一些人与自然和谐共生的场景能够触动人们的内心，激起观众对美好生活的向往和对自然的敬畏。在旅游短视频中，可以展示当地居民与动物的互动、自然风光、乡村生活的场景，这不仅提供了视觉上的享受，还深层次地传达人与自然和谐共生的生活理念。这样的场景能够使观众感受到远离城市喧嚣、回归大自然的宁静与简约，从而对短视频留下深刻印象。

四、注重传统文化的展现

（一）传统节日的展现

在旅游短视频全链路营销中，旅游短视频中传统节日的展现能加深观众对旅游目的地传统文化的理解。传统节日往往蕴含着深厚的历史背景和文化意义，旅游短视频通过展示这些节日的习俗、特色食品和庆祝活动，不仅可以在视觉上吸引人，还能通过文化教育观众，使其更深入地理解传统节日。例如，通过展示中国春节的庆祝方式，观众可以了解春节的历史背景、传统习俗以及与之相关的民间故事，从而深入地了解春节这个传统节日。

传统节日的展现也有助于增加视频内容的吸引力，增强人们分享的欲望。传统节日的庆祝活动通常内容丰富、气氛热烈，易吸引观众的注意力，并激发观众分享这些内容到自己的社交网络，从而扩大短视频的传播范围。

在旅游短视频全链路营销中，传统节日的展现也是提升目的地品牌形象的有效途径。旅游短视频可以展示一些地方传统节日的内容和庆祝形式，并展现当地对自己文化的尊重和珍视。这种深层次的文化传播有助于塑造目的地的独特形象，提升目的地在游客心中的吸引力。

（二）节气的文化内涵与美学展示

节气作为中国传统文化中独特的时间概念，不仅与农业生产息息相关，还影响人们的生活方式。将节气通过旅游短视频展现，不仅能够展现深厚的文化底蕴，还能够创造出美感和诗意的画面，从而提升视频的吸引力和文化价值。

节气的文化内涵展现能够为观众提供独特的文化体验和深度的教育，在旅游短视频中，可以通过展示与各个节气相关的自然景观、农作物的生长状态以及相关的传统活动和习俗，让观众深入了解中国传统文化中的时间观念和与之相关的生活方式。这种深度的文化展现不仅能够吸引对中国文化感兴趣的观众，还能够增强视频内容的教育性，使观众在欣赏美景的同时，能够学到文化知识。

节气的美学展示能够提升视频的视觉吸引力和艺术价值，每个节气都有独特的自然景观和文化象征等。旅游短视频的制作可以融入美丽的自然景观和与之相联系的文化活动，这不仅赋予了旅游短视频深刻的艺术意蕴，还为观众献上了一场视觉盛宴。

第三节 渠道与推广策略的选择

一、旅游短视频推广渠道的选择

（一）短视频平台

在旅游短视频全链路营销中，选择短视频平台作为主要的推广渠道是一个明智的决策，原因在于这些平台拥有庞大的用户基础、强大的社交功能和极高的内容传播效率，这为旅游短视频提供了广阔的受众基础。这些平台的用户覆盖各个年龄段和社会群体，从年轻人到中老年人，每个群体都有独特的兴趣和偏好。这种多样性使得旅游短视频能够针对不同的受众群体定制内容，从而最大化触及潜在的观众。

短视频平台强大的社交功能是其作为推广渠道的另一大优势，用户不仅可以观看内容，还能通过点赞、评论和分享与内容互动，这种互动性极大地增强了内容的传播力。当观众与视频内容产生共鸣时，更有可能将其分享到自己的社交网络，扩大视频的影响范围。短视频平台的算法优化和个性化推荐机制极大地促进了旅游短视频的传播效率，这些平台通常会根据用户的观看历史和偏好推荐内容，这意味着旅游短视频更容易被感兴趣的观众看到。这种精准推荐不仅增加了视频的观看率，还提高了观众的参与度和满意度。在全链路营销的战略中，短视频平台提供了多元化的内容展示形式和创新的营销方式。旅游短视频制作者可以通过直播、互动挑战、话题标签等多种方式吸引观众，增强观众的参与感。这些创新的营销手段不仅使内容更加生动有趣，还能够刺激观众的好奇心和探索欲。

（二）社交媒体

社交媒体的广泛覆盖和高用户活跃度为旅游短视频提供了巨大的市场潜力。在社交媒体平台上，每天都有数以亿计的用户活跃，这为旅游短视频带来了庞大的潜在观众群体。通过这些平台推广旅游短视频，可以迅速触及广泛的受众，从而增加视频的曝光率和观看次数。用户在社交媒体上分享的内容很容易被其朋友或粉丝看到，并进一步传播给更多人，也就是说，可以利用社交网络的力量，实现内容的快速传播和广泛传递，扩大视频的受众范围。

社交媒体平台的互动性和个性化推荐功能也是社交媒体能成为优选推广渠道的重要原因，用户在社交媒体上不仅可以观看内容，还可以通过点赞、评论、转发等方式与内容互动，这种互动性极大地增强了内容的传播力。在全链路营销策略中，利用社交媒体的数据分析工具和反馈机制来优化推广策略同样重要。社交媒体平台提供了丰富的用户数据和行为分析工具，通过分析这些数据，旅游短视频制作者和营销人员可以了解观众的偏好和反应，据此调整内容和推广策略，提高营销效果。

（三）视频网站

视频网站通常拥有庞大的用户基础和多元化的内容库，这为旅游短视频提供了广阔的潜在受众群体。与专门的短视频平台相比，视频网站的用户可能更加多样化，覆盖不同年龄层和兴趣领域的观众。这种多样性使得旅游短视频有机会触及更广泛的受众，增加短视频的曝光率和观看次数。视频网站的高质量播放体验和内容展示形式也是视频网站成为优选推广渠道的重要原因，这些平台通常提供高清晰度的视频播放，能够保障旅游短视频的画面质量和观看体验。

除此之外，视频网站的专业性和品牌影响力也是重要的优势。与一些以用户生成内容（UGC）为主的短视频平台相比，视频网站往往具有更加专业的内容生产和编辑团队，能够提供高质量的内容制作和推广服务。同时，知名视频网站的品牌影响力能够增加旅游短视频的可信度和吸引力。在全链路营销策略中，视频网站还提供了数据分析和反馈机制，有助于优化推广策略。通过分析用户的观看行为、偏好和反馈，旅游短视频制作者和营销人员可以及时调整内容和推广方式，确保营销活动的效果最大化。这种数据驱动的方法有助于持续改进内容和推广策略，提高整体营销效率。

　　（四）博客

　　博客作为旅游短视频推广的渠道，能够增加视频内容的可见度和可访问性。在博客上嵌入短视频，可以将视频内容与更广泛的信息和文章结合起来，提供更全面的用户体验。这种整合不仅能够吸引那些通过搜索引擎寻找旅游相关信息的用户，还能够为已有的博客访问者提供更丰富的内容。利用博客进行旅游短视频推广，可以提高互动性和用户参与度。与传统的文本或图片内容相比，视频能够以更生动、直观的方式展示旅游目的地的风貌和特色，从而更加有效地吸引观众的注意力。观众在观看视频的同时，可以在博客上发表评论、提出问题，甚至与其他观众互动，这种互动性能够增强用户的参与感，促进社区建设，从而提高用户对博客的忠诚度。

　　在全链路营销中，博客的搜索引擎优化（SEO）优势也是本书选择博客作为推广渠道的重要原因。通过在博客中嵌入短视频并结合适当的关键词和优化策略，可以吸引更多的有机流量。这种方法不仅能够扩大旅游短视频的观众群体，还能够提高旅游目的地的知名度。

（五）广告投放

广告投放的一个主要优势是能够快速提高品牌和产品的可见度。通过精心设计的广告策略，旅游短视频可以出现在目标受众频繁访问的平台上，确保信息能够有效传达给潜在客户。这种直接的市场接触不仅能够增加品牌的曝光率，还能够激发观众对旅游目的地或服务的兴趣。另外，广告投放能够精准定位目标受众，利用现代广告平台的高级定位功能，旅游短视频广告可以针对特定的用户群体进行展示。例如，可以根据用户的地理位置、兴趣爱好、搜索历史等进行定向广告投放，从而提高广告的效率和转化率。这种精准定位不仅节省了市场营销预算，也提高了广告的投资回报率（ROI）。

广告投放提供了灵活多变的推广方式，无论是通过横幅广告、原生广告还是社交媒体的付费推广，旅游短视频都可以采取不同的形式来吸引用户。这种多样性使得广告内容能够适应不同平台的特点，从而增加用户的观看和互动机会。在全链路营销中，广告投放还能够有效配合其他营销手段。例如，广告投放可以与社交媒体营销、内容营销和 SEO 策略相结合，形成一个全面的市场推广方案。通过这种综合策略，旅游短视频能够在多个渠道上发挥影响，从而增强整体的市场推广效果。广告投放的数据追踪和分析功能也是广告投放成为优选推广渠道的重要因素，通过对广告数据的追踪和分析，营销团队成员可以了解广告的表现，如点击率、观看率、转化率等，据此调整广告内容和策略，以实现更优的营销效果。

（六）线下活动

这种结合线上线下的推广方式不仅能提高品牌曝光率，还能增加用户参与度，创造更加全面和立体的营销效果。线下活动如展会、路演等提供了将旅游短视频转化为现实体验的机会。在这些活动中播放旅游短视频，可以吸引参与者的注意力，给观众提供更加直观并且生动的目的地展示。这种形式的推广具有很高的感官影响力，能够给参与者留下深刻的印象。

线下活动提供了与潜在客户进行面对面交流和互动的机会，与线上推广相比，线下活动能够建立更直接、更个性化的沟通渠道。在这些活动中，旅游短视频不仅作为宣传工具，还可以作为交流的媒介，帮助解答参与者的疑问，提供更多关于旅游目的地的详细信息。这种互动有助于增强观众对品牌的信任和好感。线下活动的观众往往更愿意与品牌进行互动，如参与抽奖、提问等活动，这种参与度的提升对建立客户关系和品牌忠诚度非常有帮助。在全链路营销策略中，线下活动的利用能够与线上推广形成互补。线上推广通过社交媒体、广告投放等方式扩大了观看旅游短视频的受众范围，而线下活动则提供了更为深入和个性化的体验价值。通过线下活动，旅游短视频的推广能够从虚拟世界走入现实，增强品牌形象的立体感和真实感。

二、旅游短视频推广的策略选择

（一）拓展用户群体和市场范围

这种策略旨在打破既有的市场边界，吸引更广泛的用户群体，从而增加潜在观众的数量，并扩大旅游目的地的国际影响力。拓展用户群体和市场范围可以显著夯实旅游短视频的受众基础，在传统的市场策略中，旅游短视频可能主要面向特定的区域或用户群体，这限制了视频内容的观众范围和市场影响力。通过向上游市场拓展，如吸引更高收入水平或不同兴趣偏好的观众，可以极大地扩大视频的受众基础。这不仅提高了视频的观看率，还增加了潜在的市场份额。

探索不同的地域市场，特别是海外市场，可以为旅游短视频带来更多样化的受众。随着全球化的加深，国际观众对不同文化和旅游目的地的兴趣日益增长。将旅游短视频推广至国际市场，不仅可以吸引更广泛的全球观众，还能够提升旅游目的地的国际知名度和吸引力。这种跨文化的推广策略对建立目的地的全球品牌形象至关重要。为了吸引不同文化背景的观众，推广的内容需要具备跨文化的吸引力和可理解性。这意味着旅游短视频的内容制作不仅要考虑到目的地的本地特色和文化内涵，还要确保内容对国际观众是可访问和可理解的。通过展示具有普遍吸引力的主题，如自然美景、文化活动和地方风俗，旅游短视频可以跨越文化障碍，与不同文化背景的观众产生共鸣。

（二）内容创新与多元化

内容创新与多元化的重要性首先体现在能够满足不同观众群体的需求。随着观众口味和偏好的多样化，单一的内容形式或主题已无法满足所有人的需求。因此，旅游短视频需要采用更加丰富多样的内容形式，以吸引和保留不同背景和兴趣的观众。例如，除了传统的风景介绍，还可以加入文化探索、当地美食介绍、互动游戏等多种元素，这不仅能够增加视频的趣味性，还能够让不同的观众群体找到自己感兴趣的内容。

内容创新与多元化也有助于提升视频的质量和深度。旅游短视频通过创新的方式呈现目的地，可以提供更加深入和全面的视角，使观众能够从不同的角度了解目的地。这种方法不仅能够展示目的地的独特魅力，还能够增强观众对视频内容的认可度和信任感。例如，通过详细介绍旅游目的地的历史文化、风俗习惯，观众不仅能够获得视觉上的享受，还能够获得知识和信息，从而提升观看体验。在全链路营销的背景下，内容创新与多元化对提高视频的传播效果至关重要。创新与多元化的内容更容易引起观众的兴趣和共鸣，从而在社交媒体和短视频平台上获得更广泛的传播。

（三）多频道网络（MCN）机构合作与内容生态构建

这种合作模式对提升旅游短视频的质量、扩大其影响力以及培养创新内容具有重要作用。MCN 机构通常具有专业的制作团队、成熟的运营经验以及丰富的资源网络，这些都是独立制作团队难以比拟的。通过这种合作，旅游短视频制作者可以获得专业的拍摄技巧、剪辑指导以及内容策划等支持，这不仅能够提高短视频的制作质量，还能确保内容的专业性和吸引力。MCN 机构通常具有较强的人才发掘和培养能力，能够发现并支持有潜力的内容创作者。对旅游短视频而言，这意味着能够吸引更多有才华的创作者加入，从而丰富和提升整个内容生态系统的创新性和多样性。例如，通过 MCN 机构招募的旅游短视频创作者可能会带来新的视角、独特的内容风格或创新的表现形式，这些都是吸引观众并增加短视频传播力的重要因素。

与 MCN 机构的合作也有助于构建更加多元和丰富的内容生态系统。MCN 机构往往与多个渠道和平台有合作关系，能够为旅游短视频的推广和分发提供更广泛的渠道和更有效的策略。这种多渠道的推广方式能够帮助旅游短视频触及更广泛的受众，提高市场覆盖率。同时，丰富多样的内容形式更能满足不同观众群体的需求，提升整体观看体验。在全链路营销模式中，与 MCN 机构的合作能够有效整合资源，优化内容分发。MCN 机构对市场趋势有着敏锐的洞察力，能够根据市场动态和观众反馈调整内容策略，确保旅游短视频内容的时效性。

第四章　旅游短视频全链路营销方案的具体实施

第一节　旅游短视频全链路营销的实施步骤
与时间规划

一、内容创作与策划阶段

（一）市场调研与目标受众确定

在旅游短视频全链路营销的实施步骤与时间规划中，内容创作与策划阶段的市场调研与目标受众确定是一个关键环节。这个阶段通常安排在项目启动的第 1 周到第 2 周。在这段时间内，深入分析市场趋势和竞争对手是至关重要的任务，其目的在于精确把握旅游短视频市场的当前态势和未来的发展方向。

市场趋势分析涉及对旅游行业的整体市场环境进行深入研究，包括旅游目的地的流行趋势、旅游消费者的行为模式、行业发展的新技术和新策略等。这一环节的核心目的是捕捉旅游行业的宏观动态，理解在不同的市场环境下旅游短视频的潜在机会和挑战。通过分析各种市场报告、行业新闻和专业研究，可以获得对旅游市场深度和广度的理解。

竞争对手分析更侧重于分析在旅游短视频领域的主要竞争者，这包括分析对手的视频内容风格、受众群体、营销策略、频道运营方式等。竞争对手分析不仅有助于避免市场上的直接冲突，还可以启发新的创意和策略。确定目标受众则是市场调研的重要组成部分，在这一环节，重点在于精确界定旅游短视频的潜在观众群体。这包括分析受众的年龄段、性别、地理位置、兴趣爱好、消费习惯等多个维度。了解目标受众的特性对设计符合其需求的内容至关重要。例如，年轻观众可能更偏爱冒险和刺激的旅游体验，而中年观众可能更关注舒适的旅游体验和文化深度。分析目标受众常用的社交媒体平台，也可以帮助确定视频内容的发布渠道和推广策略。

（二）内容主题和风格的制定

此阶段规划在第 2 周到第 3 周展开，其核心在于根据市场调研和目标受众分析的成果，精心制定短视频的主题和风格。在这个阶段，要明确视频的主旨，包括自然风光的壮丽、文化体验的丰富性或是对美食的深入探索等多个方面。每个主题都应紧密联系目标受众的兴趣和需求，从而确保内容的吸引力和相关性。风格的选择同样至关重要，选择轻松幽默的风格来传达轻松愉悦的旅游体验，还是选择展示文化底蕴来彰显地区文化的独特性，抑或是选择冒险、刺激的方式来吸引寻求刺激的观众，都需要经过深入分析，因为这将直接影响到视频内容的表现形式和观众的反响。

视频的整体调性也是一个不可忽视的因素，整体调性的确定需要综合考虑目标受众的偏好和视频内容的特性。在此阶段，要确保所选主题和风格与旅游目的地的真实特性相符合，注意内容的创新性和独特性，避免与众多旅游短视频内容雷同，从而在激烈的市场竞争中脱颖而出。

（三）拍摄地点选择与故事板制作

此阶段规划在第 3 周到第 4 周展开。这个阶段的核心任务分为两部分：精心选择拍摄地点以及制作详细的故事板。

拍摄地点的选择对旅游短视频的质量和吸引力有着直接影响，选择地点时，需考虑多个因素：所选地点的自然景观是否引人入胜，是否能够展现旅游目的地的独特魅力；文化特色是否丰富，能否让观众通过视频感受到该地区的历史和文化；拍摄条件是否适宜，包括光线、天气、拍摄许可等。每个地点都应该是讲述故事的一个重要元素，以加深观众对旅游目的地的印象和感情。

故事板的制作是规划视频内容的关键步骤，因为故事板相当于视频的蓝图，详细规划了拍摄框架、场景安排、镜头顺序以及可能的对白或旁白。通过故事板，可以有效地规划整个视频的流程和结构，确保拍摄过程有条不紊，内容表现连贯。故事板不仅能帮助团队成员理解和执行拍摄计划，还能为拍摄过程中应对突发情况提供重要参考。在故事板的制作过程中，需要充分考虑视觉元素如何与旅游目的地的特色相结合，如何通过镜头语言传达情感和信息，等等。

二、拍摄与制作阶段

（一）实地拍摄准备

该项工作计划在第 1 周完成。这个阶段的核心在于确保拍摄顺利进行，包含了多个关键方面的准备工作。选择合适的拍摄设备是此阶段的基础部分，设备的选择需基于拍摄内容和预期效果：摄像机的选择要考虑画质需求和携带便利性；无人机要能够捕捉壮观的空中景观，适合展现旅游目的地的广阔景致；稳定器要能保证拍摄过程中画面的稳定性。每种设备都要根据拍摄计划和场景需求精心挑选。此外，根据拍摄环境，可能还需要其他配件，如滤镜、三脚架、防雨罩等。

对拍摄地点的实地考察至关重要，因为通过考察，可以对光线条件、人流密度、声音环境等实际情况有一个直观的了解。这些因素都会直接影响到拍摄效果和拍摄计划的调整。例如，应明确最佳拍摄时段以获得理想的光线效果，还可以避开人流密集的时间以减少干扰。场景布置的需求也是一个关键点，根据故事板和拍摄计划，可能需要对某些场景进行适当的布置或调整，以更好地符合视频的整体风格和情感表达，包括调整物件位置、增添道具、与当地人协调等。

（二）实地拍摄执行

该项工作应安排在第 2 周进行。这个阶段的工作聚焦于根据事先准备的故事板和拍摄计划，实际执行拍摄工作。实地拍摄执行阶段包含多个重要环节，其中摄像工作是此阶段工作核心所在，包括镜头的选择、角度的变换和拍摄节奏的掌握。每个镜头都需精心设计，确保能够捕捉到最佳的视觉效果，同时要考虑镜头之间的连贯性和整体视频的流畅性。录音也是一个不可或缺的部分，特别是在展现旅游目的地的自然声响或文化特色时，高质量的录音不仅能增强视频的真实感，还能提升整体的观看体验。确保录音清晰且与画面内容紧密相连，是此阶段的一个重要任务。

此外，灯光的设置对创造合适的氛围和强调视频中的特定元素至关重要，合适的灯光可以增强场景的视觉效果，帮助突出视频的主题和情感。因此，灯光的布置需要根据场景的需求和拍摄计划仔细调整。场景布置则涉及确保拍摄环境与视频的主题和风格相契合，这可能包括调整场景中的物件、增添适当的道具，或是与当地居民合作，以营造出最适合拍摄的环境。确保拍摄内容的丰富性和多样性对后期剪辑阶段也较为关键，多样化的画面和素材可以为后期剪辑提供更多的选择和灵活性，使最终成品更加丰富和吸引人。因此，拍摄过程中需不断寻求创新和变化，以确保收集到足够多样化的素材。

（三）视频剪辑和后期制作

该项工作应安排在第 3 周进行，这个阶段是将拍摄完成的原始素材转化为引人入胜的最终产品的关键过程。其中，视频剪辑是这一阶段的核心工作。剪辑不仅是简单的片段拼接，还是一种艺术性和技术性的结合。这一阶段旨在通过合理的剪辑讲述一个流畅的故事。需要注意的是，要从大量的拍摄素材中挑选出最能表达视频主题和情感的片段，同时考虑镜头间的连贯性和整体节奏。

添加特效是另一个重要环节，特效的使用可以增加视频的视觉吸引力，强调某些关键元素或情感。然而，特效的使用需谨慎，过度或不当的特效可能会分散观众的注意力，甚至降低视频的整体质量。色彩调整是为了提升视觉美感和营造适宜的氛围，色彩的处理可以反映视频的风格和人的情绪，如明亮鲜艳的色彩常用于表达快乐和活力，而柔和或暗淡的色彩则可能用于营造一种平静或怀旧的氛围。色彩调整需要根据视频的主题和风格来进行。音频处理也是不可忽视的一部分，清晰的对话、恰当的背景音乐和音效的使用不仅能提高视频的专业度，还能加强视频的情感表达。例如，合适的背景音乐可以增强视频的情感氛围，音效的适时使用可以使视频更加生动。

三、发布与推广阶段

（一）选择发布平台和确定发布时间

该工作应安排在第 1 周初期进行，这个环节对确保视频达到最佳的观看率和传播效果至关重要。选择合适的社交媒体平台是这一阶段的关键，不同的平台拥有不同的受众群体和特点。因此，选择平台时需要综合考虑视频的风格和目标受众，以确保视频能够准确地到达潜在观众。

确定发布时间的重要性同样不容小觑，不同时间段的用户在线活跃度不同，这直接影响到视频的初始曝光和传播效率。通过分析目标受众的活跃时间段，可以选择最佳的发布时间，以确保视频一发布即能吸引大量观众的注意。例如，如果目标受众主要在晚上活跃，那么在傍晚到晚上发布视频将更有可能获得较高的观看率。同时，要考虑到不同平台的算法和特性。某些平台可能会优先推送新发布的内容，而其他平台则可能根据用户的观看偏好和历史行为来推送内容。这些因素都需要在选择发布平台和确定发布时间时考虑进去，将视频的曝光率和观看次数做到最大化。

（二）进行搜索引擎优化和内容调整

此项工作应安排在第 1 周的中期到后期进行。这一环节的目的是通过优化策略，提高视频在搜索引擎和社交媒体平台中的可见度和吸引力。搜索引擎优化可以提升视频在搜索结果中的排名，这涉及为视频选择合适的标签、描述和标题，这些元素需精心编写，以确保它们既能吸引目标受众的注意，又能被搜索引擎有效识别。其中，标签应与视频内容紧密相关，同时要考虑目标受众可能使用的搜索词语；视频描述和标题则应清晰、吸引人且包含关键词，以便提高在搜索引擎中的排名。

内容调整则关注视频格式和封面的优化，旨在适应不同平台的特点。不同的社交媒体平台有着不同的显示格式和用户习惯，视频在上传到不同平台时可能需要相应的调整。例如，某些平台可能更适合竖屏视频，而其他平台则可能偏好横屏或方形视频。视频封面是吸引观众点击的关键，需要设计得既引人注目，又能准确反映视频内容，同时要根据平台特性进行调整，包括适当的时长调整、画质优化等。在整个搜索引擎优化和内容调整过程中，需持续监控视频的表现，并根据反馈进行适时的调整，包括改变关键词策略、调整视频内容或格式，以确保视频能在竞争激烈的网络环境中脱颖而出。

（三）多渠道推广和监控反馈

此项工作预计在第2周实施。这个阶段旨在通过多元化的渠道扩大视频的曝光率和观众覆盖范围，并通过监控各种数据来评估推广效果，从而灵活调整推广策略。多渠道推广的核心在于利用不同的平台和方法来传播视频内容，包括在各种社交媒体平台上分享视频链接，以触及更广泛的受众。与此同时，与有影响力的人物或知名度高的关键意见领袖（KOL）合作，是一种高效的推广方式。这些人物通常拥有大量的忠实粉丝，其推荐可以显著提高视频的可信度和吸引力。

监控视频反馈数据是推广过程中的重要环节，通过追踪视频的关键性能指标，可以对视频的受欢迎程度和观众反应有一个直观的了解。这些数据不仅可以帮助评估当前推广策略的效果，还能为后续的调整提供依据。例如，如果某个渠道的观看次数远高于其他渠道，那么可能需要在该渠道上加大推广力度；反之，如果某个渠道的反馈较差，就需要分析原因并调整策略。

四、效果评估与调整阶段

（一）数据监控与分析

这一环节应持续进行，从视频发布开始就需定期执行，以确保能够及时捕捉到数据变化并做出相应的调整。数据监控的主要目标是追踪视频的观看次数、点赞数、评论量以及分享次数。其中，观看次数可以反映视频的吸引力和覆盖范围，是评估视频受欢迎程度的直接指标；点赞数和评论量能提供对观众参与度和互动情况的洞见，更高的互动表明观众对视频内容的兴趣和参与程度更深；分享次数是衡量视频传播效果的重要指标，其反映了视频在观众中的影响力和口碑。

更深入的数据分析可以包括观众留存率、观看时长、跳出率等细化的指标，这些指标可以帮助了解观众对视频内容的整体接受程度和观看行为模式。例如，较高的观众留存率和观看时长表明观众对视频内容感兴趣，而较高的跳出率可能表明视频开头部分未能有效吸引观众。通过分析这些数据，可以评估旅游短视频的整体表现，识别成功的元素和需要改进的领域。例如，如果某个特定部分的观看时长明显较长，可能表明该部分内容对观众特别有吸引力；相反，如果观看时长在某个点急剧下降，可能表明该部分内容需要调整或优化。

数据监控和分析还应考虑不同观众群体的反应，不同的受众群体可能对相同的内容有不同的反应，因此需要分析不同群体的数据，以便更精准地定位和调整内容。最终，基于这些数据分析的洞察，可以对旅游短视频的内容、发布时间、推广策略等进行调整。例如，如果数据显示某一时间段的观看次数较高，可以考虑在此时间段发布更多内容；如果观众对某类内容反响热烈，可以增加类似内容的生产和推广。

（二）内容策略的调整

这一过程是动态的，应根据监控数据的实时反馈适时进行。内容策略的调整是为了确保旅游短视频更加贴合目标受众的偏好和行为模式，从而提高视频的吸引力和效果。调整视频内容需要先了解数据分析的结果，包括但不限于观看次数、点赞数、评论内容和分享数量等指标。通过这些数据，可以了解哪些类型的视频内容最受欢迎，哪些内容或方式需要改进。例如，如果发现具有特定主题或风格的视频特别受欢迎，如展示地方美食或文化活动的视频，那么可以着重制作更多此类主题的视频。

视频风格的调整也是内容策略调整的一部分，根据观众的反馈，可能需要改变视频的视觉呈现方式、编辑节奏或音乐选择。如果观众更偏好快节奏和充满活力的视频，那么在未来的视频制作中可以尝试采用更加鲜明和动感的风格。叙事方式的调整同样重要，这可能涉及改变视频中的故事叙述结构，如从线性叙事转向更加互动性或模块化的内容。例如，如果观众更喜欢故事驱动型的内容，可以在未来的视频中加入更多的故事元素，如当地的历史故事或旅行者的个人经历。如果某些视频表现不佳，则需要深入分析其原因，可能是主题选择不当、内容呈现方式不吸引人或者与目标受众的兴趣不契合等。在这种情况下，需要重新思考视频的内容和表现形式，甚至可能需要探索新的主题或风格。需要注意的是，内容策略的调整要考虑不同平台的特性，因为不同的社交媒体平台可能有不同的受众群体和偏好。

（三）发布策略的优化

这项工作应根据数据分析结果周期性地进行，以确保发布策略始终与市场动态和受众偏好保持一致。优化发布策略的核心在于调整视频的发布时间和渠道，以最大限度地提高观看率和互动率。这需要深入分析目标受众的在线活跃时间，以此调整视频发布的时间，以确保在受众最可能观看的时间发布内容。考虑不同社交媒体平台的特性也是优化发布策略的关键部分，由于不同的平台有着不同的用户基础和偏好，因此发布内容和形式可能需要根据平台特性进行相应调整。例如，某些平台可能更适合分享短视频或图文混合内容，而其他平台则可能更适合长视频或详细的旅游记录。

第二节　旅游短视频全链路营销的关键资源与合作伙伴挖掘

一、内容创作资源

（一）专业内容创作者的选拔和培养

在旅游短视频全链路营销中，专业内容创作者的选拔和培养是实现高质量内容生产的关键。这一过程的核心在于发现和培育那些既具备专业技能又充满创意的人才，如摄影师、视频编辑、脚本编写者等，这些人能够从多角度捕捉和展示旅游目的地的独特魅力，制作出既具视觉吸引力又能有效传达信息的视频内容。为此，可以通过评选活动、社交媒体征集或与艺术学院的合作来发掘新的创作人才，尤其重视那些能以独特视角和创新思维制作内容的创作者。选拔出这些具有潜力的创作者后，就要通过专业的工作坊和培训课程来提升其专业技能，包括视频拍摄、剪辑、故事叙述以及视觉效果创造等方面。这种培训不仅要强调技术技能的提升，还要鼓励创作者发挥个性和创意，同时引导其了解市场趋势和观众偏好，以确保内容的市场相关性。

具体来说，可以鼓励创作者跨领域学习和实践，如结合摄影、视频制作、文案写作等多种技能，以丰富内容的多样性；可以组织其实地考察和交流活动，使创作者能亲身体验不同的旅游目的地，从而获得更多灵感和深入理解，进一步增强内容创作者的创作能力；可以为创作者提供展示自身作品的平台，这不仅能够对其产生激励作用，还能通过定期评估和反馈来帮助其不断改进和提升作品质量。总体来说，通过这样一个综合性的选拔和培养流程，有望建立起一支既有创意又具备专业技能的内容创作团队，为旅游短视频营销的成功提供坚实的基础。

（二）发掘独特的旅游目的地和体验

这一过程涵盖了对鲜为人知但极具魅力的目的地的挖掘，以及探索富有特色的旅游体验，如当地文化活动、特色美食和乡村探险等。这种多样性不仅能够吸引不同兴趣的观众，还能增强内容的丰富性和观众的参与感。例如，可以展示一些隐藏在偏远地区的自然美景或历史遗迹，这些地方虽然不像传统热门景点那样广为人知，但能够提供新鲜的视角和独特的旅游体验。

通过与当地旅游局、社区或文化组织的合作，可以深入了解这些地方的独特之处和文化背景，从而制作出更具深度和故事性的视频内容。不仅如此，将当地节日庆典、居民生活方式、特色美食等元素融入视频，可以让内容更加生动有趣，增加观众的沉浸感。通过这种方式，旅游短视频不仅能展示目的地的独特魅力，还能为观众提供一种全新的视觉和情感体验，从而有效提升视频的吸引力和传播效果。

（三）整合多媒体和技术元素

该项工作涉及音乐、动画的结合以及最新视频制作技术的运用，旨在创造出既生动有趣又技术先进的视觉作品。利用多媒体元素（如音乐和动画），可以增强视频的情感表达和视觉冲击力。例如，精心挑选的背景音乐能够与视频内容形成共鸣，增强故事的氛围；动画的加入不仅丰富了视觉效果，还可以用于解释复杂的信息或展示难以拍摄的场景。运用最新的视频制作技术，如虚拟现实（VR）技术，能够提供沉浸式的观看体验。这些技术在展现旅游目的地的独特性和吸引力方面尤为有效，能够使观众以全新的视角体验目的地的魅力，尤其适用于展示自然风光、文化遗址等景观。通过这些多媒体和技术元素的综合运用，旅游短视频不仅能展示目的地的独特魅力，还能给观众提供更加丰富和深入的体验。这种内容的创新性和技术性能显著提高观众的观看兴趣和参与度，从而有效提升视频的观看率和传播效果。

二、技术和平台支持

（一）先进视频制作和编辑技术的应用

该项工作涉及对高质量视频制作设备的投资、使用先进的编辑软件和技术，以及探索新兴的视频技术。其中，高质量的视频制作设备，如专业摄像机、稳定器和无人机，是捕捉高清晰度和获取出众视觉效果影像的基础。专业摄像机能够提供更高的画质和更好的控制，适用于各种拍摄环境和需求；稳定器能够平稳捕捉动态镜头，保持画面的流畅性；无人机则可以拍摄壮观的空中景观，增加视频的视觉冲击力。先进的视频编辑软件和技术对提升视频的专业度和观赏性同样至关重要。其中，色彩校正技术能够增强画面的视觉吸引力，使颜色更加鲜明生动；特效添加能够提供创意表达方式，增加视频的吸引力；音频处理能极大地提升观众的观看体验。同时，探索新兴的视频技术，如虚拟现实（VR）技术，能为观众提供沉浸式的观看体验，特别适合展示具有独特环境和氛围的旅游场景。

（二）社交媒体平台的合作与利用

营销团队成员可以与主流社交媒体平台建立合作关系，利用这些平台庞大的用户基础和广泛的覆盖来分发和推广旅游短视频。每个平台都有其独特的算法和用户特性，深入理解这些平台的特性，并根据其优势调整视频内容的格式和风格，是提高视频吸引力和观众互动的有效策略。

（三）数字营销和数据分析工具的应用

在旅游短视频全链路营销的过程中，数字营销和数据分析工具的应用是重要保障条件。这些工具的应用可以提高旅游短视频在搜索引擎中的可见度，追踪和分析观众行为，实施精准的营销策略。例如，优化视频标题、描述、关键词和标签，可以提高视频在搜索引擎结果中的排名，从而吸引更多潜在观众。

应用社交媒体分析工具来追踪观众的行为和偏好可提升内容效果，这些数据不仅能提供关于哪些内容更受欢迎的洞见，还能了解观众的观看习惯。基于这些信息，可以调整内容创作和发布策略，以更好地满足观众的需求和偏好。运用数据驱动的营销工具，如广告定位和受众细分策略，可以更精准地触达目标受众，并提升营销效果。例如，如果数据显示某一年龄段或地理位置的观众对某类旅游目的地表现出更大的兴趣，那么可以针对这些群体实施更为专注的营销活动。

三、数据分析和市场研究资源

（一）高级数据分析工具的利用

在旅游短视频全链路营销中，利用高级数据分析工具是洞察目标受众行为、偏好并据此优化内容创作的理想手段。高级数据分析工具的运用可以提供观众的详细信息，如年龄、性别、地理位置和观看习惯，这些数据对制定有效的视频内容策略至关重要。通过数据分析工具，可以深入了解目标受众的特征和偏好。了解这些信息有助于确定目标受众群体，从而制定更有针对性的内容策略和营销活动。

数据分析工具还能帮助分析观众对不同类型内容的反应，包括观看时长和互动率，如点赞、评论和分享。例如，通过分析数据可以发现某类视频内容观看时长更长，或某些主题的视频在特定群体中获得更多互动。利用这些数据，可以有针对性地调整和优化视频内容。同时，如果某些视频的观看时长较短或互动较低，就需要分析原因并对内容进行调整，以提高观众的参与度和满意度。

（二）市场研究和趋势分析

市场研究涉及深入分析旅游短视频市场的当前状况，如观众兴趣点、市场需求、流行趋势以及竞争对手的策略。这需要收集和分析大量数据，如观众的观看行为、喜好的内容类型、反馈和评论等。同时，还要关注竞争对手的内容策略、推广手段和受众反应，这可以通过观察竞争对手的社交媒体频道、网站和客户反馈等方式实现。市场研究还应包括对旅游行业的宏观趋势进行分析，如分析旅游目的地的流行趋势、旅游消费者的行为变化等。

对市场研究结果进行分析，有利于预测未来市场的发展方向，包括识别新兴的旅游目的地、流行的旅游活动、变化的消费者喜好以及新兴的社交媒体平台和技术趋势。这些信息对制定有效的内容创作和营销策略至关重要。市场研究和趋势分析还能识别潜在的威胁和挑战，有助于企业制定应对策略，以确保旅游短视频营销计划的持续有效。

（三）实时数据监控和反馈分析

实施实时数据监控机制意味着持续追踪视频内容的表现指标，如观看次数、观看时长、点赞、评论和分享等。这些数据可以实时展示视频内容的受欢迎程度和观众参与情况。通过这种监控，可以快速识别哪些内容获得积极响应，哪些未达预期效果。

分析观众的反馈和评论是了解观众需求和期望的重要手段，观众的评论通常包含对内容的直接反馈，包括观众喜欢的方面以及认为需要改进的地方。通过定期审视和分析这些反馈，可以获得宝贵的第一手信息，帮助优化视频内容和提高观众满意度。通过监控社交媒体上的讨论和反馈，也可以获得关于市场趋势和观众兴趣的见解。基于这些实时数据和反馈，及时调整发布策略和营销手段是确保营销活动适应市场快速变化的关键，包括调整发布时间以匹配观众最活跃的时段，变更内容风格以更好地满足观众偏好，或改进营销手段以提高观众参与度。

四、市场推广合作伙伴

（一）与旅游博主和关键意见领袖（KOL）的合作

在旅游短视频全链路营销中，与旅游博主和关键意见领袖（KOL）的合作是扩大影响力和提高内容可信度的有效方式。这些合作关系可以迅速提升视频内容的受众范围，并利用关键意见领袖的专业知识和影响力来增强视频内容的吸引力。因此，识别并与那些在旅游领域内具有高度影响力的关键意见领袖建立合作关系至关重要。

选择与关键意见领袖合作是提升内容专业度和吸引力的有力推手，关键意见领袖通常对旅游目的地有深入了解，能够提供独特的见解和信息，有利于制作高质量的旅游短视频。总之，与这些合作伙伴共同制作内容是一种互利的方式，通过合作可以共同开发旅游内容，不仅可以提升内容的质量，还可以通过关键意见领袖的个人影响力来提高观众参与度。

（二）与旅游机构和旅行社的合作

旅游机构和旅行社可以提供旅游目的地的详细信息，这些信息可能包括但不限于目的地的历史背景、文化特色、当地风俗习惯、未被广泛知晓的景点等。这些独特的信息可以帮助视频制作团队制作出具有深度和独特性的视频内容，吸引更多观众的关注。

与这些机构进行合作，还可以获得关于旅游套餐和优惠信息，这为观众提供了额外的价值。例如，可以在视频中提供特定旅游路线的推荐或特别优惠，这不仅能吸引观众，还能促进旅游产品的销售，为合作伙伴带来潜在客户。这种合作还可以提供实地考察的机会，让视频制作团队能够更加深入地体验目的地，捕捉更多真实、有趣的内容。实地体验不仅能提升视频的真实性和可信度，还能让制作团队从新的角度发现和展示旅游目的地的魅力。

（三）与当地政府和旅游部门的合作

这种合作能够为短视频内容提供官方的认证和支持，从而增加内容的权威性和可信度。与当地政府的合作通常意味着可以获得更多关于目的地的独家信息、文化活动和节庆活动等资源，这些信息对制作独特而吸引人的旅游短视频至关重要。其中，合作的一个重要方面是获取拍摄许可和资金支持。因为在很多情况下，特别是在特定的保护区或重要的文化遗址拍摄需要得到当地政府的许可，与当地政府建立良好的合作关系，有助于保障拍摄的顺利进行。同时，一些政府部门可能愿意提供资金支持，以推广本地的旅游资源，这对预算有限的短视频项目来说是一个重要的资源。

当地政府和旅游部门也能提供宣传资源，如通过官方的旅游网站、社交媒体平台或其他渠道推广视频内容。这种官方渠道的推广能够显著提高视频的曝光率和影响力，从而提高观众对目的地文化的了解和兴趣。

第三节　旅游短视频全链路营销的预算分配与成本控制

一、内容创作与制作成本

（一）专业设备和技术人员的成本

在旅游短视频全链路营销的预算分配与成本控制策略中，专业设备和技术人员的成本是制作高质量视频内容需要考虑的核心要素。制作吸引人的旅游短视频需要有专业的拍摄和编辑设备，同时确保有经验的技术人员参与其中。

具体来说，专业的视频编辑软件不仅能提高后期处理的效率，还能使视频更具吸引力。这些设备和工具的购买或租赁成本需要在预算中占据一定比重，以确保视频制作的专业性和高质量。除了硬件设备，招聘有经验的摄影师、视频编辑和后期制作人员也是制作高质量旅游短视频的关键。这些专业人员具备必要的技能和经验，能够从创意和技术角度提升视频内容的质量。因此，在预算中也需要考虑这些专业人员的薪酬和相关费用，以确保拥有足够的专业人才支持旅游短视频制作。

（二）外景拍摄和特许权使用的成本

外景拍摄和使用特许权素材涉及一系列成本，这些成本必须在预算计划中仔细考虑，以确保视频内容的质量和合法性。外景拍摄成本是旅游短视频制作中的一个重要组成部分，这通常包括旅行费用，如交通费、住宿费和餐饮费。其中，交通费取决于拍摄地点的远近，可能包括飞机、火车或汽车的费用；住宿费涉及在拍摄地点的住宿安排，可能包括酒店或其他住宿形式的费用；餐饮费包括团队在外景拍摄期间的饮食开支。

同时，外景拍摄可能涉及其他费用，如拍摄地点的入场费、特别许可证费用等。这些成本在预算中需要细致规划，尤其是在选择拍摄地点和计划拍摄时长时，要确保成本和预算相匹配。例如，在视频制作中，可能需要使用特定的音乐、图像或其他媒体素材，而这些素材的使用通常需要支付特许权使用费。这些费用根据素材的版权所有者、使用范围和时长而有所不同。因此，合理规划这部分成本对保证视频内容的合法性至关重要。

（三）成本效益分析和优化

在旅游短视频全链路营销的预算分配与成本控制过程中，成本效益分析和优化是确保资源有效利用和投资回报最大化的关键。这项工作涵盖了对每个视频项目的成本与预期收益的细致评估，以及寻找提高成本效益的方法。进行成本效益分析时，需要先评估预算分配是否能达到预期的营销效果，对视频制作的每个环节的成本进行仔细审查，从设备购买或租赁、人员成本到外景拍摄费用等，每一项开支都需要经过认真考虑。同时，要评估这些投入是否能带来预期的观众反响、品牌曝光度提升或其他具体的营销目标。如果发现某些成本投入与产出的比例不理想，就需要考虑进行调整。例如，可以减少在某些方面的开支，选择更经济的拍摄地点，或者增加对那些能带来更高回报环节的投入。在预算有限的情况下，寻找成本效益高的替代方案是非常重要的，如租赁而非购买最新的拍摄设备，或者使用功能充足但成本较低的编辑软件。优化拍摄计划也是降低成本的一种有效方式。例如，通过精密的计划，可以减少外景拍摄的时间和次数，从而节约旅行和住宿成本。为了进一步降低成本，还可以寻找免费或低成本的版权素材，如使用免版税的音乐和图像资源。

二、营销和推广成本

（一）社交媒体平台和搜索引擎优化的预算分配

社交媒体平台拥有庞大的用户基础和高度的用户活跃度，是接触目标受众的理想场所。预算分配给这些平台的内容推广至关重要，包括但不限于为发布的视频内容购买广告，以提高其在用户信息流中的曝光率。在分配预算时，需要考虑各个平台的特性和目标受众，以确保投入能够达到最佳的推广效果。

搜索引擎优化是提高旅游短视频在搜索引擎中排名的关键手段，对吸引搜索有关旅游信息的潜在观众至关重要。为此，预算需要用于优化视频标题、描述、关键词和标签，以提升视频在搜索引擎中的可见度。例如，对视频内容进行关键词研究，以确定哪些关键词最能吸引目标受众，并将这些关键词融入视频标题和描述中。

（二）付费广告和推广活动的成本控制

付费广告是迅速触达目标受众的有效途径。为了实现最佳的投入产出比，需要精心规划这部分预算。这意味着对不同广告平台的费用结构、受众覆盖和广告效果进行细致的分析，选择最合适的平台和广告模式。

推广活动的成本控制也同样重要，包括控制在线活动、合作活动或其他形式的推广活动的成本。这些活动的组织成本和预期效果是预算分配的重要考虑因素。组织成本可能包括活动场地租赁、物料制作、嘉宾邀请等，而预期效果则涉及活动能够吸引多少受众、增加多少品牌曝光度以及带来多少潜在客户等。有效的成本控制应确保每一笔投入都有明确的目标和预期的回报，如通过与和旅游相关的品牌方合作来分摊成本，或者选择成本效益高的在线平台来举办虚拟活动。

（三）与关键意见领袖或旅游博主的合作预算

这种合作预算的分配涉及几个重要的方面，包括评估关键意见领袖的影响力、粉丝群体的质量，以及合作的具体形式。其间，要先评估关键意见领袖或旅游博主的影响力，这通常与其粉丝数量、参与度、在特定领域的权威性有关。有影响力的关键意见领袖通常能够有效地传播信息，吸引大量观众的注意，但与其建立良好的合作关系通常也需要较高的成本。所以，在预算分配方面也需要综合考虑关键意见领袖的影响力和合作成本，确保合作能够带来预期的市场影响。

关键意见领袖粉丝群体的质量也是重要的考量因素，因为高质量的粉丝群体则意味着较高的参与度和活跃度，这对推广内容尤为重要。选择粉丝群体与旅游短视频目标受众高度匹配的关键意见领袖，能够提高推广活动的针对性和效果。因此，在预算分配时，除了考虑关键意见领袖的整体影响力，还需考虑其粉丝群体是否与视频内容的目标观众相匹配。在这里，合作的形式也决定了预算的分配。合作形式包括关键意见领袖直接推广旅游短视频、共同制作特定内容、参与线上或线下活动等。不同类型的合作对预算的要求不同。例如，直接推广可能涉及一次性的费用，而共同制作内容或参与活动可能需要更复杂的费用结构，包括制作成本、活动组织成本等。因此，在分配预算时，需要根据合作的具体形式和预期效果来调整，以保证每一笔投入都能有效地提升营销效果。

三、数据分析和市场研究成本

（一）市场报告的购买和分析

专业的市场报告通常包括旅游行业趋势、消费者行为、竞争对手的行为等一系列信息，对理解市场动态和精准定位营销策略至关重要。由于市场报告的种类繁多，内容涵盖范围广泛，因此选择与旅游短视频营销战略最相关的报告至关重要。这些报告应能提供具体的、针对旅游行业的洞察，包括最新的趋势、消费者偏好、市场需求等。选择那些能提供具体数据和深入分析的报告，可以帮助营销团队成员更好地理解目标市场，制定更加有效的营销策略。

市场报告的成本效益是另一个重要考量点，市场报告的价格可能因其深度、专业性和提供的数据范围而有所不同。在预算有限的情况下，需要对报告的成本和预期带来的价值进行权衡，如评估报告的内容质量、信息的实用性以及如何帮助改善营销策略等。在预算允许的情况下，应选择那些能提供有用信息的报告，以确保每一笔投入能为营销决策带来最大的支持。市场报告的分析和应用也是关键，因为购买市场报告只是第一步，如何解读这些报告中的数据，并将其转化为具体的营销策略，才是实现预算效益最大化的关键。这可能需要团队中具有相关专业知识的成员来分析报告，并提出基于这些数据的策略建议。

（二）数据分析工具的订阅和使用

数据分析工具能够提供关于视频内容表现、观众反应和市场趋势的详细数据，对优化营销策略和提升视频内容效果至关重要。所以，在数据分析工具的预算分配和成本控制方面，要着重考虑如何选择合适的数据分析工具。市场上存在众多的数据分析工具，如社交媒体分析工具、网站流量分析工具、观众行为追踪工具等。选择适合旅游短视频营销的工具时，需要考虑工具的功能是否能够满足特定的分析需求。例如，如果营销策略主要聚焦于社交媒体平台，则社交媒体分析工具是首选；如果重点在于网站流量和观众参与度，则需要选择提供这些数据的分析工具。

工具的易用性和成本效益也是重中之重，其中易用性能够确保团队成员高效地利用工具进行数据分析，无须花费大量时间和资源进行培训，成本效益则涉及工具的订阅费用与其带来的价值之间的平衡。在预算有限的情况下，选择性价比高的工具显得尤为重要，要确保每一笔投入都能带来实际的营销价值。合理的预算分配是确保数据分析工具带来最大价值的决定性因素之一。在预算分配时，需要评估工具的费用与预期带来的效益。例如，一些高级的分析工具虽然提供深入的数据洞察，但可能价格昂贵，适用于大型营销项目或长期策略规划；而对小型或短期项目，可能更适合使用成本较低但能满足基本分析需求的工具。因此，应根据项目的规模和需求灵活调整预算分配，以确保分析工具的投入能够有效地支持营销决策，从而实现最大的投资回报。

（三）专业分析师的聘用和合作

在旅游短视频全链路营销的预算分配与成本控制过程中，聘用专业的市场分析师或与市场研究机构合作是获取深入市场洞察和复杂数据分析的关键。这些专业人员或机构能够提供精确和深入的分析，有利于制定更有效的营销策略。所以，在预算分配和成本控制方面，需要考虑以下几个关键要素：

一是聘请市场分析师或与市场研究机构合作的决定，应基于对其专业知识和提供的服务价值的评估。专业分析师能够提供关于旅游市场趋势、消费者行为、竞争对手策略等方面的深入分析，这对指导旅游短视频的内容创作和营销策略非常重要。在选择合作伙伴时，需要考虑其专业背景、行业经验、能否提供有针对性的洞察和建议等因素。

二是明确成本和预算是决定聘请专业分析师或与研究机构合作的重要指标，这些专业服务的成本可能相对较高，所以需要根据旅游短视频营销的整体预算来决定投入的规模。在预算有限的情况下，可以寻找性价比高的解决方案，如与学术机构合作，或聘用独立分析师提供市场分析服务。同时，还可以采用基于项目的合作模式，以更灵活地控制成本。

三是预算分配应考虑到专业分析的长远价值，虽然初期投入可能较大，但深入的市场洞察和数据分析可以帮助优化营销策略，减少无效投入，甚至能在较长时间内带来更高的投资回报。

四、监控和优化成本

（一）监控工具的投入

有效的监控工具可以提供实时数据，如观看次数、互动率、转化率等关键指标，这些数据对及时了解视频内容的表现和观众反应至关重要。在进行监控工具的预算分配和成本控制时，应该着眼于以下几个方面：

一是监控工具的选择应基于工具的功能。不同的监控工具可能专注于不同类型的数据分析，如有的工具可能专注于社交媒体分析，而其他工具可能更擅长网站流量和用户行为分析。选择工具时，要确保其功能能够覆盖旅游短视频营销活动的关键数据需求，如观众参与度、内容传播效果和受众行为分析等。

二是工具的易用性和用户友好性是重要的考量因素，易用性高的工具可以减少团队培训和适应的时间，使团队成员能够快速、高效地利用这些工具进行数据分析和报告制作。这样不仅提高了工作效率，而且有助于及时做出基于数据的营销决策。

三是要加强对监控工具的成本效益比的考量，因为高效的监控工具可能伴随着较高的成本，因此在预算分配时需要考虑工具的成本与带来的价值。评估工具的成本时，需要考虑购买或订阅费用、可能的维护费用以及使用工具所能带来的潜在价值等，改进营销策略，提升投资回报率。总之，合理的预算分配应确保投入的监控工具既能满足分析需求，又不会造成不必要的财务负担，以实现成本和效益的最佳平衡。

（二）专业人员的聘用和培训

专业人员，如数据分析师能够解读复杂的数据集，提供关于市场趋势、消费者行为和竞争对手活动的深入分析，市场策略师可以利用这些分析结果，制定有效的市场进入和推广策略，社交媒体管理人员能管理社交媒体平台，与目标受众互动，及时调整策略以优化社交媒体的表现。因此，聘用优秀的专业人员至关重要，但这些专业人员的聘用成本需要根据其专业水平、经验、对旅游短视频营销活动的预期贡献做出客观评估。

在预算有限的情况下，对现有团队进行专业培训也是一个不错的替代方案。通过提供数据分析、市场策略和社交媒体管理等方面的培训，可以提升团队成员的能力，使其能够更有效地参与营销活动的各个环节。这种内部培训可以针对团队的具体需求和弱点来设计，确保培训内容的相关性和实用性。考虑到数字营销领域不断发展变化，定期的培训和技能更新对维持团队的竞争力是必要的。这不仅包括对新兴的市场趋势、工具和技术的学习，还包括对有效的市场策略和实践的更新。因此，在预算规划中，应包含定期的培训和发展计划，以确保团队能够适应市场的变化，持续提供高效能的营销支持。

第五章 旅游短视频全链路营销的实践路径

第一节　用户旅程与触点分析

在当今数字化时代，旅游短视频营销已成为连接目的地与潜在旅客的关键桥梁。此类营销策略的成功在很大程度上取决于对用户旅程与触点的深入分析与精准把握。通过细致分析用户的需求、行为轨迹、旅程映射以及反馈，营销团队成员能够构建出符合用户期望的个性化营销内容，进而有效提升用户的参与度和满意度。在此背景下，表5-1对旅游短视频全链路营销中用户旅程与触点分析的实践操作思路进行了归纳，并在后面逐一进行深度论述，从中揭示出在不同阶段应采用的具体实践方法。

表 5-1　用户旅程与触点分析的实践操作思路

实践路径	具体实践	实践操作
用户旅程分析	需求识别	界定目标用户群体，收集人口统计数据和心理特征，理解旅行动机
	行为轨迹	分析用户在线行为，如搜索历史和社交媒体互动，揭示用户兴趣和需求
	用户旅程映射	创建旅程地图，展示用户每个阶段的需求和互动方式
	洞察和策略制定	理解用户的行为、需求、偏好和反应，并立足内容的创意、吸引力、发布时间、推广渠道、用户参与方式等方面制定营销策略
触点分析	内容分析	监测视频表现，分析观看次数和互动数据，识别受欢迎的内容类型
	转化路径分析	追踪用户行为，分析决策触点，如信息获取和预订渠道
	用户参与度评估	评估观看时长、互动频率，理解内容对用户的吸引力
	建立反馈循环	收集用户反馈，通过问卷和社交媒体分析来调整内容策略

一、用户旅程分析

（一）需求识别

进行需求识别的第一步是精确地界定目标用户群体。这不仅涉及基本的人口统计数据，如年龄、性别、地理位置，还包括更深层次的心理和社会经济特征，如生活方式、旅行动机、价值观念和消费习惯。例如，针对追求奢华体验的高端旅行者和寻找经济实惠旅行方案的背包客，营销策略和短视频内容将截然不同。可以通过各种渠道收集信息，深入理解用户选择旅行的根本动机，如设计在线问卷、收集用户评论和反馈等。

需求识别可以借助高级数据分析工具和算法来完成。每段旅程都应当考虑用户在旅游决策过程中的各个阶段，从最初的旅游灵感获取到实际预订和体验，再到旅行后的分享和反馈，都要经过考量。在每个阶段，都应提供与用户需求和期望相符的信息和内容。例如，对追求新奇体验的年轻旅行者，可以在旅程的初始阶段为其提供创新和冒险的旅游目的地视频。

（二）行为轨迹

这个过程从在线行为分析开始，涉及用户在互联网上的一系列活动，包括搜索历史、浏览习惯以及社交媒体互动。这些活动提供了一个深入了解用户偏好和行为模式的窗口。通过分析这些在线互动，可以收集到大量的数据，这些数据可以用来绘制用户的行为轨迹图，不仅显示了用户的行为模式，还揭示了用户在旅游决策过程中经历的不同阶段。

在分析用户在线行为的同时，识别出旅游决策过程中的关键触点是至关重要的。这些触点可能包括用户通过哪些渠道获取信息，如搜索引擎、社交媒体或旅游论坛，以及用户更倾向于通过哪些渠道进行预订，如在线旅行社或直接预订。此外，要关注用户在旅行后通过哪些渠道分享自己的体验和评价，这些渠道可能是评论网站或社交媒体。通过识别这些关键触点，可以更准确地了解用户在旅游决策过程中的行为和偏好，从而为营销策略提供指导。在此之后，通过收集到的数据，可以构建用户行为的模型。这种模型使用数据分析和机器学习技术来识别用户行为中的模式和趋势。例如，可以通过聚类分析识别出不同类型的用户行为模式，如"文化探索者""休闲度假者"等。这些模式可以帮助营销团队成员更精准地定位目标用户群体，并为其制定更具吸引力的营销策略。

（三）用户旅程映射

在旅游短视频全链路营销过程中，用户旅程映射是一种强大的工具，它能帮助营销团队成员深入了解用户在整个旅游决策过程中的体验。进行用户旅程映射的关键在于深入理解用户在旅游规划和体验过程中的每一个步骤，这一过程大致可分为以下几个阶段：

从意识阶段开始，用户可能刚刚开始对某个旅游目的地或体验产生兴趣。在这一阶段，用户通常会进行初步的信息搜索，如浏览关于目的地的短视频或阅读相关文章。营销团队成员需要了解用户在这个阶段寻求什么样的信息，其感受是什么，以及其所面临的痛点或挑战。

进入考虑阶段，用户开始更深入地研究，并可能比较不同的旅游选项。在这个阶段，用户的行为可能包括阅读详细的旅游攻略、观看关于特定目的地的短视频或寻找用户评价。对营销团队成员来说，理解用户在这一阶段的需要至关重要，如用户可能在寻找关于住宿、交通或活动的具体信息。

当用户进入决策阶段时，其行为可能包括比较价格、寻找优惠或直接预订旅行产品。营销团队成员需要确保在这一阶段提供的信息和内容能够帮助用户轻松地完成预订过程，并解决其可能遇到的难题。

（四）洞察和策略制定

这个过程要求对用户的行为、需求、偏好和反应有一个全面而深刻的理解。进行这种分析的实践操作涉及用户洞察的提炼和基于这些洞察的定制化营销策略制定。

用户洞察的提炼是一个从大量数据中提取关键信息的过程，这需要基于之前的用户行为分析进行决策，包括用户在线活动、互动模式、对不同营销触点的反应。洞察还应涉及用户决策过程中的关键因素，如价格敏感度、目的地偏好、旅行时间等。

根据这些洞察，就可以制定针对不同用户群体和旅程阶段的短视频营销策略。这就要求营销团队成员不仅要考虑内容的创意和吸引力，还要考虑发布时间、推广渠道和用户参与方式。例如，如果分析表明年轻用户更倾向于通过社交媒体获取旅游灵感，那么可以在这些平台上发布富有创意和互动性的短视频；如果发现用户在计划阶段更关注预算，那么可以推出有针对性的优惠或打折信息。营销策略的制定还需要考虑如何在用户旅程的每个阶段为用户提供价值，这意味着在用户分析某个旅游目的地的初期阶段，要提供引人入胜的内容以激发用户的兴趣。

二、触点分析

（一）内容分析

实施这一分析需要通过数据分析工具监测不同类型短视频的受欢迎程度和用户互动情况。这个过程涉及对大量数据的收集、分析和解释，旨在深入了解哪些内容更能激发用户的兴趣。内容分析的实践操作可以从监测短视频的性能开始，这包括分析不同类型的短视频如何运作，如分析景点介绍、当地文化、美食推荐等类型的短视频，以及这些短视频在用户群体中的表现如何。通过查看观看次数、观看时长、重复观看率等指标，可以判断哪些视频内容更能吸引和保持用户的注意力。此外，分析用户对视频的直接反应，如点赞、评论和分享的频率，也是衡量内容受欢迎程度的重要指标。高互动率通常表明内容与观众产生了共鸣，能够激发用户的兴趣，使用户积极参与。

具体来说，分析用户评论可以提供深入的洞察。因为评论不仅显示了用户对内容的直接反应，还可能揭示用户的具体需求和兴趣点。例如，如果用户在关于某个旅游景点的视频下询问更多详情，就可能表明用户对该目的地有较高的兴趣。这些信息对未来内容的规划和优化至关重要。了解不同内容类型在不同用户群体中的表现也很重要，因为不同群体可能对不同类型的内容有不同的反应。在分析过程中，也需要考虑视频内容发布的时间和频率。某些内容可能在特定时间（如假日前夕）或特定频率（如定期更新）下表现更佳。通过测试不同的发布时间和频率，可以发现最有效的内容发布策略。

（二）转化路径分析

转化路径分析的核心在于明确用户从接触内容到实际采取行动（如预订酒店、购买机票）的转化路径。进行这种分析的实践操作涉及一系列的步骤，旨在深入了解用户的行为轨迹和决策过程。转化路径分析的实践操作开始于追踪用户在观看短视频之后的行为模式，这需要对用户的在线活动进行监测，包括用户在观看视频后访问的网页、点击的链接以及进行的搜索。例如，如果用户观看了一个关于某个旅游目的地的视频后，紧接着搜索了该地区的酒店或活动，则表明视频在激发用户进一步了解该目的地方面起到了作用。

分析用户从观看视频到采取具体行动之间的过程也很重要。这可能涉及分析用户在预订平台上的行为，如查看酒店价格、阅读评论等。此过程中应确定用户决策的关键触点，这些触点可能是特定的营销信息、用户评论、评分系统或特价优惠。通过分析这些数据，可以了解哪些因素对用户的决策产生了较大影响。除了分析在线行为，还要考虑用户决策过程中的心理因素，这些信息对优化营销信息和策略很有帮助。例如，如果多数用户表示价格是其决策的主要因素，那么在营销策略中突出价格优势可能会更有效。

（三）用户参与度评估

这项评估的目的在于衡量用户对短视频内容的兴趣和参与程度，从而理解哪些内容更能吸引用户并促使其深入了解。这种评估通过分析一系列关键指标来进行，包括用户对视频的观看时长、重复观看率、互动频率等。其中，观看时长是一个关键指标，它显示了用户观看视频的平均时间，较长的观看时长通常意味着内容更能吸引用户的注意力；重复观看率表明用户不仅对内容感兴趣，还愿意再次观看，这是内容吸引力的另一个强有力的指标。

如上所述，用户对视频的互动，如点赞、评论和分享的频率，也是衡量参与度的重要方面。高频率的互动表明用户不仅消费内容，还愿意与之互动，这是对内容质量的一种积极反馈。评论的内容和质量也值得深入分析，因为它们显示了用户对视频内容的直接反馈和看法。通过社交媒体分析工具，可以进一步分析用户在社交媒体上对视频内容的讨论和分享。结合这些数据，营销团队成员可以优化发布策略，如选择最佳发布时间、确定推广渠道和制定针对特定用户群体的内容策略等。

（四）建立反馈循环

建立反馈循环不仅有助于收集用户反馈，还能够基于这些反馈不断优化内容，确保营销策略与用户需求和兴趣保持一致。建立反馈循环的一个重要方面是通过各种方式收集用户对短视频内容的看法，如在线调查问卷、用户访谈等。例如，可以在视频发布后附加一个简短的调查问卷，询问用户对视频内容的满意度、用户最感兴趣的部分以及改进建议等。

收集这些反馈后，就要对数据进行分析和解读，以识别常见的趋势和模式。目的主要是揭示用户的真实需求和偏好，为内容创作提供指导，并进一步调整和优化内容策略。例如，如果用户反馈表明自身对历史文化类的内容更感兴趣，那么可以在未来的视频中增加更多相关元素；如果用户建议提供更多实用信息，如旅游技巧或目的地指南，那么可以在未来的视频中增加一些实践技巧。为了确保反馈循环的有效性，还需要定期复审和评估改进措施的成效。这不仅包括监测内容调整后的用户反应，如观看时长、互动率和分享次数的变化，还包括定期回顾用户的反馈，以确保持续满足用户的需求。

第二节　数据驱动的决策过程

在当今数字化时代，旅游短视频全链路营销已成为连接消费者与目的地的重要桥梁。随着技术的快速发展和用户行为的不断变化，采用数据驱动的营销策略变得尤为重要。这种策略不仅使营销活动更具针对性和效率，还能够基于实时反馈快速调整，确保与消费者需求的同步。表5-2对数据驱动的决策过程的具体实践操作进行了梳理，并在后面对具体的实践操作过程加以系统论述。

表 5-2　数据驱动的决策过程的实践思路

实践环节	具体操作
多维度数据源的利用	社交媒体趋势分析、用户调查、网站和移动应用数据分析、合作伙伴和第三方数据整合
高级数据分析技术的应用	数据挖掘、机器学习算法、人工智能技术、预测分析
用户行为和心理特征的深入理解	社交媒体活动分析、理解用户生活方式和旅行动机、用户决策影响因素分析
数据的整合与智能化管理	中央数据仓库建设、高级分析工具应用、用户画像创建、实时数据监控
用户偏好识别	基于用户偏好调整内容主题和风格、提升内容质量、定期进行市场趋势分析
数据驱动的策略调整	基于数据分析结果的内容策略调整、发布策略优化、用户反馈响应
定期性能指标的评估	设定和评估关键性能指标、数据分析报告编制、内容活动表现深度分析
多渠道效果的分析与优化	各渠道表现定量分析、内容效果评估、推广策略优化

一、全面的数据收集与整合

（一）多维度数据源的利用

社交媒体是获取用户洞察的宝贵资源，通过分析用户在社交平台上的行为，如点赞、评论和分享的内容，营销团队成员可以获取关于用户兴趣的直接信息。此外，社交媒体趋势分析可以揭示当前流行的旅游目的地和活动，从而指导营销内容的方向。实用的工具包括社交媒体监听和分析平台，它们能够追踪特定关键词的提及量，进行情感分析以及影响力分析。

网站和移动应用是收集用户行为数据的重要渠道，通过跟踪用户在网站上的浏览路径、停留时间和点击率，可以分析用户的兴趣点和偏好。整合多维度数据源，可以获得更全面的市场分析和竞争信息。例如，从旅游行业协会、市场研究公司或数据聚合平台获取的数据可以补充内部收集的信息，帮助营销团队成员更好地理解市场动态和竞争格局，同时通过数据整合，识别不同数据源之间的相关性和趋势，从而提供更全面的营销策略。

（二）高级数据分析技术的应用

数据挖掘是从大量数据中发现有意义模式和关联的过程。在旅游短视频全链路营销中，数据挖掘可以用来识别用户群体之间的共同特征，如最受用户欢迎的旅游目的地、视频类型或观看时间段。例如，通过聚类分析，可以将用户基于不同的观看习惯和偏好分为不同的群体，从而为有针对性的内容创作和营销活动提供指导。

具体来讲，机器学习算法在处理和分析大数据方面尤为有效，这些算法可以根据历史数据自动学习和改进，提供更准确的预测和洞察。在旅游短视频营销中，可以利用机器学习来预测用户对不同内容的反应，或者分析哪些营销渠道最有效。例如，使用决策树或随机森林算法可以帮助营销团队成员预测用户对特定视频广告的点击概率。

人工智能（AI）可以用于提升用户体验和个性化推荐，利用 AI 技术，营销团队成员可以基于用户的历史行为和偏好，为用户自动推荐相关的旅游短视频内容。此外，AI 可以用于语言处理，如分析用户在社交媒体上的评论和讨论，从而获取关于用户感受和偏好的洞察。

预测分析是指使用历史数据来预测未来事件的技术。在旅游短视频全链路营销中，预测分析可以帮助营销团队成员预测未来的市场趋势、用户兴趣的变化以及营销活动的潜在效果。例如，通过分析用户过去的参与数据，可以预测未来某一时期内特定类型内容的受欢迎程度。

（三）用户行为和心理特征的深入理解

深入了解用户的生活方式和兴趣是创建优质内容的关键，这包括分析用户在社交媒体上的活动，如用户关注的话题、参与的讨论和分享的内容等。同时，理解用户选择特定旅游目的地或服务的动机对设计有效的营销策略至关重要，这可以通过用户调查、访谈以及行为数据分析来实现。例如，分析用户在旅游网站上的搜索行为和点击模式，可以揭示用户的旅行动机和偏好；分析用户对旅游产品的评价和反馈，可以了解影响用户决策的因素，如价格、便利性或品牌信誉等。

用户的价值观念和消费习惯对其购买决策有着显著影响，所以分析这些因素可以帮助营销团队成员更好地定位其内容和广告。这包括分析用户的购买历史、响应特定类型广告的程度以及参与促销活动的情况。例如，通过分析用户在旅游应用上的消费模式，可以识别出该用户更倾向于奢侈旅游还是经济型旅游。可以有效利用心理分析工具，如人格测试和情感分析，来分析用户的个性特征，如冒险精神、文化兴趣或对新事物的开放程度，从而了解用户的情感反应和态度，以更好地形成与用户的情感共鸣。

（四）数据的整合与智能化管理

要实现数据整合，就要先构建一个中央数据仓库，这是存储和管理所有相关数据的核心系统。该仓库应包括用户的人口统计信息、行为数据、交易历史和社交媒体互动等多源数据。中央数据仓库的设计应确保数据的一致性、完整性和安全性。通过这种集中管理方式，营销团队成员可以从一个单一的真相来源访问和分析数据，这有助于提高决策的准确性和效率。

统一的用户画像是理解和接触目标受众的重要工具，通过整合来自不同渠道的数据，营销团队成员可以创建详细的用户画像，包括用户的兴趣、偏好、购买行为和社交互动等。这些画像有助于提高营销内容的个性化和针对性，从而提高营销活动的效果。用户画像的创建不是一次性的活动，而是需要不断更新和维护，以确保其反映最新的用户行为和趋势。在数据的智能化管理中，实时数据监控和动态调整机制是必不可少的。这就意味着营销团队成员需要实时跟踪关键性能指标（如观看率、点击率、参与度）和市场反应，以便快速调整营销策略。

二、深度数据分析与洞察提取

（一）先进技术的应用

在数据解析中运用先进技术可以为营销团队成员提供更加高效的数据决策，具体如下：

机器学习算法可以用来分析和预测用户行为。例如，通过历史数据分析用户的观看习惯、偏好的内容类型以及互动模式，机器学习模型能够预测用户对未来内容的反应和兴趣；使用回归分析或分类算法可以预测用户对特定视频的观看可能性或对旅游产品的购买意愿。

数据挖掘技术能够从大量的用户数据中提取有用的信息和模式，可以使用聚类分析来进行用户细分，识别不同的用户群体及其特征。此外，关联规则挖掘可以发现不同用户行为之间的关联，如观看特定类型的视频与后续购买行为之间的联系。这些洞察对制定目标市场策略和优化营销内容至关重要。

人工智能技术可以用于评估营销内容的效果。例如，通过自然语言处理（NLP）技术分析用户评论和反馈，可以了解用户对内容的情感反应，帮助营销团队成员理解哪些内容元素最能吸引和影响用户，从而及时调整策略，以适应不断变化的市场需求。

（二）用户偏好模式的识别

识别用户偏好模式需要先收集并分析用户在旅游短视频平台上的行为数据，包括用户观看的视频类型、观看频率、观看时长以及互动行为（如点赞、评论、分享）等。利用数据分析工具可以详细了解用户对不同内容的偏好。例如，如果发现特定主题的视频（如海滩度假或文化探索）获得更多的观看和互动，则表明这类内容与用户兴趣更为契合。其中，社交媒体平台为了解用户偏好提供了重要渠道，可以分析用户在社交媒体平台上的活动，如用户分享的内容、参与的话题讨论、关注的旅游相关账号等，为用户提供合适的信息。

同时，利用个性化推荐系统可以进一步使用户偏好模式的识别更加精细化，这类系统通常基于机器学习算法，根据用户的历史行为和偏好自动推荐相关内容。这不仅提升了用户体验，还可以收集更多关于用户反应的数据，从而不断优化推荐算法。将不同平台上的数据进行整合分析是识别用户偏好模式的关键，也就是将用户在网站、应用软件、社交媒体以及其他在线平台上的行为数据汇总起来，以获得全面的视角。这种跨平台数据整合可以借助数据管理平台（DMP）等工具来实现。

（三）市场趋势和细分行为特点的分析

营销团队成员应全面分析当前的市场趋势，如分析行业报告、市场研究等，以了解旅游行业的整体动向。特别是对新兴的旅游目的地、流行的旅游活动或变化的用户旅行习惯要做出详细分析，因为这些信息能够帮助营销团队成员及时调整其内容策略，以适应市场变化。例如，如果市场研究显示生态旅游正在成为新趋势，那么营销团队成员可以增加关于自然保护区或可持续旅行的内容。

其中，理解不同用户群体的行为特征对实现个性化营销至关重要。营销团队成员可以根据年龄、地理位置、兴趣等因素将用户分为不同的细分市场，并分析这些群体的特定需求和偏好。例如，年轻用户可能更倾向于冒险和探索类型的内容，而年长用户可能对文化和教育内容更感兴趣。通过对这些细分市场的行为进行深入分析，营销团队成员可以为每个细分市场提供更合适的内容和营销策略。完成市场细分工作后，就要将来自不同渠道的数据整合起来进行交叉分析，以提供更全面的市场和用户视角。例如，结合社交媒体分析、网站行为数据和用户调查结果，可以揭示用户对不同旅游产品的综合反应和偏好。通过这种交叉分析，营销团队成员可以更准确地识别市场机会和潜在的风险，从而制定更有效的营销策略。

（四）实时数据监控与动态调整

营销团队成员需要先建立一个实时数据监控系统，以实时追踪关键性能指标（KPIs），如观看率、点击率、用户参与度和转化率等。这些指标可以通过各种分析工具和仪表板实时展示，能够帮助营销团队成员及时获得内容和广告活动的表现反馈。然后，要利用数据分析工具对用户行为进行实时跟踪和分析，以识别消费者的行为模式和偏好变化。例如，分析用户对新发布内容的反应，观察哪些视频类型容易获得更多的观看和互动。如果某类型内容在特定时间突然获得较高关注，则可能表明市场趋势的变化或新兴兴趣的出现。

营销团队成员应基于实时数据和用户反馈，迅速调整营销策略，包括修改内容方向、调整发布时间或改变推广渠道等。例如，如果分析显示用户在晚间更活跃，可以调整发布时间以增加观看率；如果某个推广渠道的表现低于预期，可以将资源转移到更有效的渠道。需要注意的是，要使用不同的测试来评估不同营销策略的效果，如测试不同的视频标题、缩略图或内容布局，同时比较不同版本的性能，识别哪些元素对用户参与和转化较为有效。此外，营销团队成员要基于测试结果不断优化内容和策略，以确保营销活动始终保持最佳状态。

第三节　整合营销传播（IMC）在全链路中的应用

在探索旅游短视频全链路营销的复杂领域中，整合营销传播（IMC）的影响力很深远。整合营销传播不仅是传递信息的渠道，还是一种全面的策略，能通过精心设计的行动路径，在不同平台上形成品牌一致性和深度共鸣。这种策略的核心在于维护品牌在各个接触点的统一形象，同时兼顾每个平台的独特性和受众偏好，实现内容、视觉和互动的和谐统一。表5-3系统地归纳了整合营销传播在全链路营销中的具体实践操作思路，涵盖从品牌一致性维护到数据驱动的个性化营销等多个关键领域，展示了在多元化媒介环境下，通过策略性的内容创作和互动设计来提升品牌影响力和用户参与度的方法。

表5-3　整合营销传播（IMC）在全链路营销中应用的实践操作思路

策略分类	子策略	具体操作
品牌一致性的维护	统一的视觉和文案风格	在所有营销材料中保持视觉元素和文案风格一致
	协调的内容策略	在不同平台上内容策略相互补充，形成统一叙事线
	连贯的品牌故事叙述	在所有营销传播中围绕一个核心故事线展开

续 表

策略分类	子策略	具体操作
跨渠道的优化与协调	内容的适应性与再创作	根据平台特性对内容进行调整和再创作
	统一的主题与信息	所有渠道内容围绕统一主题和信息展开,维持品牌信息连贯性
	交互链接与引流策略	在各平台内容中设置相互引用和链接,促进不同渠道间的流量转换
	一致的视觉元素与设计	在所有渠道使用统一视觉元素和设计风格,增强品牌识别度
数据驱动的个性化营销	情境化内容创作	分析用户数据,制作与用户特定情境下的偏好和需求相关的内容
	实时反馈调整	实时监控用户反应,快速调整内容策略,以更好地满足当前用户需求
	互动式内容设计	设计互动性强的视频内容,增加用户参与元素
	情感分析优化	利用情感分析工具分析用户反馈,适当调整内容,以更好地匹配用户情感需求
互动和参与度的提升	社交媒体挑战赛或活动	发起社交媒体挑战或活动,激发用户参与和进行内容分享
	直播互动	利用直播与观众进行实时互动,提升用户的参与感和归属感
	增强现实(AR)和虚拟现实(VR)体验	引入 AR 或 VR 技术,创造沉浸式的旅游体验
	参与式内容创作	鼓励用户参与内容创作,如征集用户的旅游故事

一、品牌一致性的维护

(一)统一的视觉和文案风格

在实施该项策略的过程中,营销人员应确保品牌的视觉元素(包括色调、图标、图像和字体)在所有营销材料中保持一致。例如,如果品牌色彩为蓝色和白色，那么无论是在社交媒体、网站还是电子邮件中，这些颜色都应该被突出使用。因为使用统一的图标和标志可以加强品牌形象的连贯性。同时，品牌的文案风格应当反映其核心价值观和市场定位。无论是促销文本、社交媒体帖子还是视频脚本，都应使用一致的语调、术语和叙述风格。例如，一个注重冒险和探索的旅游品牌的文案应富有活力和激励性。

在不同的营销渠道中，内容的视觉和文案应该相互对应，形成统一的叙事线。也就是说，不同平台上的内容虽然形式可能不同（如短视频、博客帖子或推文），但核心信息和视觉表现应该是一致的。除此之外，要确保所有渠道的内容策略保持一致。例如，若在社交媒体中推广某一旅游目的地，相同的推广信息应在网站和电子邮件营销中得以体现，但形式和表达方式可根据不同平台的特性进行适当调整。

（二）协调的内容策略

在旅游短视频全链路营销的实践路径中，要注重通过协调的内容策略维护品牌一致性。这就要求营销团队成员在各个平台和渠道上实现内容和信息的和谐统一，从而加强品牌识别度和影响力。实现这一目标的关键在于深入理解品牌核心价值，制定全面的内容规划，并确保在不同渠道上的呈现形式相互补充。

其中，首要任务是确立清晰的品牌信息和目标受众。例如，面向家庭的旅游品牌应聚焦于传递安全、趣味和教育等价值。接着，在内容制作上要进行全面统筹。社交媒体的短视频应当与网站的详细旅游信息和电子邮件中的优惠信息相呼应，共同强化家庭友好的旅游目的地形象。这不仅要求内容在视觉和语言风格上保持一致，还要考虑到不同平台的特性。例如，在网站上发布视觉吸引力强的图片，而在社交媒体上展示更加详细的旅游体验视频。同时，内容中应融入用户互动元素，如问答、评论互动或用户故事分享，以提升用户参与度和品牌信息的传播效果，确保不同平台的内容之间有机连接，如社交媒体帖子中引用网站上更详细的信息，或在电子邮件中直接进入短视频链接。这种跨平台的内容协调不仅增强了品牌的整体形象，还有助于吸引和保持不同渠道上的受众注意力。

（三）连贯的品牌故事叙述

如前所述，整合营销传播的核心目标是确保在不同的营销渠道上传递一致的品牌信息和形象，从而在目标受众中建立稳固的品牌认知。这一目标对旅游领域尤为关键，因为旅游体验本身是多维度和情感丰富的，需要通过连贯的品牌故事来引发共鸣和吸引潜在客户。例如，如果一个旅游品牌以其轻松和愉快的旅行体验而闻名，那么它所有的营销资料都应该反映出这种氛围，可以使用明亮的色彩、轻松的语气和吸引人的图像来传递这一信息。

品牌故事的连贯性是维护品牌一致性的另一个重要方面，在所有营销传播中，都应该围绕一个核心故事线来展开。这个故事线可能是关于品牌的起源、其特定的服务理念，或者是与目标受众相关的共鸣故事。通过在不同平台和格式中讲述这一连贯的故事，品牌可以在受众心中建立起强烈的情感联系和认同感。

二、跨渠道的优化与协调

（一）内容的适应性与再创作

在旅游短视频全链路营销策略中，实现内容的适应性与再创作尤其重要，因为它涉及如何在不同的平台上有效传达统一的品牌信息，同时考虑到每个平台的独特特性和用户群体。在多平台营销环境中，内容的适应性和再创作是一种策略，通过该策略，原始内容被重新设计和调整，以适应不同的社交媒体平台和营销渠道。这种方法不仅能够提高内容的覆盖范围，还能确保品牌信息在不同的平台上保持一致性和相关性。

具体的实践操作在于先理解每个社交媒体平台的核心用户群和互动特性。例如，视频软件适合发布详细且内容丰富的视频，而网站则更加注重视觉冲击力和简洁的叙述。了解这些特性后，品牌可以更有效地将内容策略与每个平台的特性相匹配。之后对视频内容的适应性调整和再创作，是整合营销传播策略中至关重要的一环。长格式的视频可以被编辑和重新切割，形成适合短视频平台播放的视频。这种编辑不仅是缩短内容，还要抓住并强调那些能够在各个平台上产生较大影响和使用户积极参与的元素。同时，品牌需要利用各平台特有的功能来增强用户体验。例如，"故事"功能和"直播"功能可以用于发布更加即时和互动性强的内容。通过这些特定平台的功能，可以增强用户的参与度，提高品牌信息的传播效果。在执行跨平台内容策略时，收集和分析数据是不可或缺的。通过监测不同平台上内容的表现，如观看次数、点赞数、评论和分享情况，品牌可以了解哪种类型的内容在哪个平台上较受欢迎，以及哪种叙述方式较能引起用户的共鸣。这些数据对调整和优化跨平台内容策略至关重要。

（二）统一的主题与信息

在制定策略时，需要考虑到不同平台的特性和受众偏好。例如，视频平台适合发布详细介绍目的地的长视频，而社交软件更适合发布高质量的图像和简短视频来吸引视觉注意力。为了维持品牌信息的连贯性，要确保无论消费者在哪个平台接触到品牌，都能有相似的体验。需要注意的是，虽然所有渠道上的内容都应围绕统一的主题和信息，但每个平台的特性也应被充分利用。例如，社交媒体平台非常适合互动和参与，可以通过问答、投票或比赛等方式鼓励用户参与；电子邮件可以提供更详细的信息，如目的地指南或特别优惠。充分利用各个平台的特性，不仅能增加内容的曝光率，还能促进不同平台间的流量转换。

（三）交互链接与引流策略

这种策略涉及使不同平台上的内容相互引用和链接，以促进用户在多个渠道之间的流动，从而增强整体营销活动的影响力和覆盖范围。为了实现这一目标，品牌需要在多个平台之间建立有效的交互链接，以确保内容能够在不同的渠道间相互支持和增强。在实践操作过程中，要先制订一个全面的多平台内容发布计划，确保在各个渠道发布的内容能够相互补充和互动。这就意味着需要考虑如何在不同的平台上展示内容，以及如何通过交互链接将用户从一个平台引导到另一个平台。例如，可以先在社交媒体上发布吸引人的短视频或图片，激起用户的兴趣，然后通过链接引导用户观看视频软件上的完整视频。

其中，邮件营销可以用来提高用户参与度并将其引导到品牌的社交媒体页面或网站。邮件内容可以包括对即将进行的社交媒体活动的预告、特别优惠或对最新视频内容的介绍，要确保邮件中包含明确的调用行动（CTA），鼓励用户访问其他平台，从而获得用户需要的信息。

（四）一致的视觉元素与设计

设计元素的适应性是一个关键因素，虽然品牌的核心视觉元素保持一致，但它们可以根据不同平台的特性进行微调。例如，在社交软件上，视觉元素可能需要更加精致和吸引眼球，以适应平台的视觉导向特性；而在视频软件上，这些元素可能需要适应视频内容的格式和叙事风格。随着市场趋势和消费者偏好的变化，品牌需要定期更新其设计元素，这不仅包括视觉风格的更新，还包括确保设计元素与目标受众的喜好和期望保持一致。例如，如果目标受众越来越倾向于简约的设计风格，品牌可能就需要考虑简化其视觉元素，以适应这一变化。

三、数据驱动的个性化营销

（一）情境化内容创作

在旅游短视频全链路营销的实践路径中，整合营销传播的一个重要组成部分是数据驱动的个性化营销。这种方法依赖于深入分析和理解用户数据，从而在特定情境下制作与用户偏好和需求紧密相关的内容。这种方法不仅增加了内容的吸引力，还能提高用户参与度和品牌忠诚度。

在实践操作过程中，先要针对用户数据进行收集和分析，包括用户的基本信息（如年龄、性别、地理位置）、在线行为（如浏览历史、点击率、停留时间），以及社交媒体互动（如点赞、评论、分享）。通过这些数据，品牌可以获得对目标受众的深入了解，包括其兴趣、偏好和行为模式。

然后，要根据用户在特定情境下的偏好和需求来制作内容。例如，在假日旅游高峰期间，可以制作关于家庭旅行目的地的视频；在夏季，可以重点推广海滩度假村和户外探险活动。运用这种方法的关键在于创建与用户当前情境相关的内容，从而更好地激发用户的兴趣，引起用户的共鸣。

（二）实时反馈调整

这种方法侧重于收集和分析用户对营销活动的实时响应，以便能够迅速调整和优化内容策略，从而更加精准地满足用户当前的兴趣和需求。

这就需要先建立一个实时数据监控系统，收集和分析来自各种渠道的用户行为数据，这种分析不仅基于数量数据，还应考虑用户评论和反馈中的质性信息，以获得更全面的用户反馈理解，并基于实时分析的结果，迅速调整内容策略。为了提高实时反馈调整策略的效率和准确性，可以利用机器学习和人工智能技术。这些技术可以自动进行数据分析，快速识别趋势和模式，并据此生成有针对性的内容调整建议。

（三）互动式内容设计

这种方法侧重于利用用户数据来创建更具吸引力和参与度的内容，特别是那些能够激发观众参与和互动的内容。互动式内容不仅可以提高用户的参与度，还能提供更加个性化和动态的体验，从而增加品牌忠诚度。

在实践操作过程中，要先进行深入的目标受众分析，这样可以更好地分辨目标受众，并据此推荐合适的视频给用户。然后，要基于对目标受众的理解，设计互动性强的视频内容。例如，可以创建包含投票、问答或选择自己冒险（CYOA）式故事线的视频。这种格式允许观众通过做出选择来影响视频内容的走向，能够给观众提供更加动态和参与性的体验，从而提高内容的吸引力和记忆点。

（四）情感分析优化

情感分析是一种强大的工具，它可以揭示用户对特定旅游目的地、活动或品牌的情感反应，从而帮助品牌调整和优化其短视频内容，以更好地满足用户的情感需求和偏好。在旅游短视频全链路营销过程中，情感分析优化的实践操作应做到以使用先进的数据分析工具来处理和解读用户在社交媒体和评论区的反馈为基础，识别其中的情感倾向，如积极、消极或中立，从而帮助品牌了解用户对其内容、目的地或服务的情感反应。

要进行情感分析，需要先收集大量的用户反馈数据。这些数据可以用来分析用户的情感和态度，然后情感分析工具可以出具详细的情感分析报告，品牌可以据此识别出用户情感的主要趋势和模式。例如，用户可能对某个旅游目的地的自然景观表达了高度的积极情感，或对某项服务的不便表现出了消极反应，这些信息对理解用户的需求和偏好至关重要。最终基于情感分析的结果，品牌可以调整短视频内容，以更好地满足用户的情感需求。

四、互动和参与度的提升

（一）社交媒体挑战赛或活动

这种策略涉及创造有趣的互动机会，如挑战赛或主题活动，以激发用户的创造力和分享欲望，从而增加用户参与度，提升品牌的可见度和互动性。设计社交媒体挑战赛时，应注意创造一个既有趣又易于参与的活动。例如，发起一个以"我的旅游故事"为主题的挑战，鼓励用户制作和分享自己的旅游短视频。这一类挑战可以包括特定的主题，如一次难忘的旅行经历、隐藏的旅游宝地或环保旅行等。

明确挑战的规则和指南对确保活动的成功同样至关重要，需要明确的内容包括参与方式、内容要求（如视频长度和格式）、标签的使用以及参与截止日期。为了增加挑战的吸引力，还可以设置激励和奖励机制，如奖励旅游优惠券、免费住宿、特色纪念品或更多曝光机会等。奖励不仅能激励用户参与，还能增加活动的分享和传播。

（二）直播互动

在进行直播之前，制订详细的直播内容计划至关重要，要确定直播的主题、目标受众、时间和持续时长。例如，可以规划一个关于特定旅游目的地的虚拟导览，或者围绕旅游技巧和建议进行一场问答式直播。需要注意的是，直播内容应该具有吸引力并与品牌的旅游主题密切相关。邀请旅游领域的专家参与直播可以极大地增加直播的吸引力和权威性，这些专家可以通过分享自身的经验、提供旅游建议或参与实时问答等扩大直播的观众范围。

在直播过程中，鼓励观众参与是关键。直播主持人应积极回应观众的评论和问题，以建立一种互动和参与的氛围。可以在直播过程中使用多媒体和视觉元素，如图片、视频片段或动画，使内容更加生动和更具吸引力。例如，在讨论特定旅游目的地时，展示该地点的高质量图片或视频可以增强观众的观看体验。为确保最广的观众覆盖面，直播前的宣传不可忽视，可以在社交媒体、品牌网站以及通过电子邮件营销等渠道提前通知观众直播的时间和内容。提前宣传可以增加直播的预期和观众的参与度。另外，引入互动式元素，如观众挑战、实时投票或互动式游戏，也可以增加直播的趣味性和观众的参与感。例如，可以组织一场关于旅游知识的在线竞赛，鼓励观众积极参与。

（三）增强现实（AR）和虚拟现实（VR）体验

增强现实（AR）技术和虚拟现实（VR）技术不仅提升了用户的参与度，还为旅游营销带来了全新的维度。通过VR技术，营销团队成员可以创造一个让用户沉浸其中的虚拟环境。例如，可以制作一个虚拟现实旅游体验，让用户置身于远方的旅游景点，如走在巴黎街头或站在大峡谷的边缘。用户可以通过VR头盔体验到360度的全景视角，如同身临其境。AR技术可以让用户在特定的地点触发特定的体验。例如，用户在到达某个地标时，可以通过手机看到该地标的历史信息、有趣的事实或虚拟导游。为了提高参与度，还可以在AR应用中加入游戏化元素。

例如，创建一个寻宝游戏，让用户在所处的城市中寻找虚拟的宝藏，每找到一个宝藏就能解锁关于一个旅游目的地的信息或特别优惠。

将 AR 和 VR 体验与社交媒体策略相结合，势必会显著提高用户的参与度和内容的分享率。例如，用户可以在社交媒体上分享自己的 VR 旅游体验的截图或视频，或在 AR 寻宝游戏中分享自己的成就。通过在社交媒体上宣传 AR 和 VR 体验，可以吸引更多的用户参与。例如，可以举办一个比赛，鼓励用户分享自己在 AR 或 VR 体验中的最佳时刻，并设置一定的奖品。

（四）参与式内容创作

在旅游短视频全链路营销的实践路径中，整合营销传播是否取得成功在很大程度上取决于是否有效地提高了互动性和用户参与度。可以定期举办以旅游为主题的在线研讨会或讲座，邀请旅游专家、博客作者或有趣的旅行者来分享自己的经验和见解。同时，要在研讨会或讲座中设置互动环节，使观众参与其中，并增加其对内容的兴趣。还可以将研讨会或讲座的精彩片段录制下来，制作成短视频，并在不同的社交媒体平台上分享。这可以扩大活动的影响力，从而吸引更多的用户参与。

第六章　旅游短视频全链路营销的现实挑战与未来展望

第一节　现实挑战

在万物互联时代，消费者的行为和消费轨迹存在于一个多维互动空间中。在新零售背景下，数智化不再仅仅是一种手段，更是营销的生态基础。结合 5A［Aware（了解）、Appeal（吸引）、Ask（问询）、Act（行动）、Advocate（拥护）］客户行为路径，当今时代消费者线上、线下的行为界限将进一步模糊。旅游景区在将人工智能和大数据技术引入数智化营销的同时，需要注意，这些智能化技术虽然能提高数智化营销的效率和精确度，但也给旅游景区的旅游短视频全链路营销带来了新的挑战。

一、内容投放方面

（一）内容产出能力

在数字化营销的当代，技术的发展极大地提升了营销活动的效果，营销内容的质量是吸引观众的关键因素。在信息爆炸的时代，营销人员面临一个挑战：在大量相似信息中突出自己的内容，特别是在旅游景区，营销内容生产要以吸引点击和引发讨论为目标。随着科技的进步，新的营销渠道（如直播和短视频）迅速崛起，并成为营销的热门方式。直播平台和短视频平台的兴起，不仅改变了人们的消费习惯，也促使包括旅游行业在内的众多行业调整营销策略。例如，旅游景区开始通过直播和短视频来销售书籍，尝试实施新型营销模式。新的营销模式给旅游景区带来了新的销售增长点，体现了技术助力营销。然而，随着新型营销模式的普及，出现了一个不可避免的问题——内容同质化。许多营销活动采用相似的形式和流程，这不仅限制了创新的空间，还可能导致观众对直播、短视频营销方式的审美疲劳。如果市场上充斥着过多相似的内容，那么这些营销方式最终可能会失去原有的吸引力。为了维持观众的兴趣，使产品持续对观众产生吸引力，营销者应注重内容的创新和多样性。这意味着营销者需要不断探索新的内容和营销策略，从而避免落入模仿的陷阱。创新的内容可以帮助品牌在竞争激烈的市场中脱颖而出，这种差异化策略是赢得观众青睐的关键。了解并运用数据分析工具，精准定位目标受众，也成为现代营销中不可或缺的一环。通过分析受众的喜好、行为和反馈，营销者可以更有效地调整内容，使内容更加贴合受众的需求。

当今视频平台快速发展，旅游景区的宣传和营销方法随之改变。尽管已有众多旅游景区在视频平台上运营官方账号，但大多数账号的运营模式还是延续了传统的宣传思路，主要通过介绍景区的风光和讲解相关内容来吸引观众。这种视频内容虽然为观众提供了信息，但因缺乏创新和深度，很难在众多内容中脱颖而出。这些账号面临的一个重要挑战是内容的更新频率较低，无法维持账号的活跃度。由于视频更新不够频繁，所以观众的关注度和黏性不高，影响了营销效果。此外，虽然某些账号拥有大量粉丝，但视频内容质量参差不齐，同一账号不同视频的点赞量、评论量和转发量差异很大，造成了营销效果不稳定。

观察当前视频平台上的内容，不难发现，一些旅游景区的视频制作缺少针对性和创造性，大部分视频仍然以介绍景点为主，很少有能深入挖掘文化内涵或者为观众提供与众不同的观看体验的内容。在这种情况下，这些旅游景区需要思考如何为观众提供更具吸引力和教育意义的视频内容，以优化观众的观看体验，提高观众的满意度。直播和短视频为旅游景区提供了新的营销渠道，但它们带来的观众触达效果与线下购物体验的差异十分显著。在线观看视频无法完全替代实际到访的体验，这就要求营销人员在创作视频内容时更加注重情感的表达和互动设计，以弥补线上体验的不足。由于每个旅游景区都有其特色和产品，所以采用统一的营销模式并不适合所有景区。每个景区都需要根据自身的特点和市场需求，不断试验和优化内容策略。这意味着旅游景区需要投入更多资源来研究和开发符合自身特色的营销内容，并及时调整内容策略以应对市场的变化。在视频内容的创作上，旅游景区可以考虑在视频内容中融入更多故事性元素，使用叙事的方式来展示景区的历史和文化，同时结合观众的喜好设计互动环节，提高观众的参与度和兴趣。这样，旅游景区不仅能够增加视频的内容深度，还能在情感上与观众建立联系，从而提升观众的观看体验和满意度。

（二）促进销售的能力

在当今社会，旅游景区利用直播和短视频进行全链路营销时，技术支持不可或缺。旅游景区需要不断地探索应用技术增强营销效力。建立一个健全的技术生态系统，将观众流量转化为实际销量，是旅游景区营销中的一个关键挑战。尽管创意丰富的直播和短视频能够吸引大量流量，但将这些流量转化为销售额是一个复杂问题。目前，尽管观众对观看直播和短视频的兴趣日益浓厚，他们在这些平台上的消费却显示出下降的趋势。这种情况使得销售显得尤为困难。在短时间内提升用户留存率和增强用户黏性，成为景区应对的新挑战。为了有效地利用直播和短视频的营销潜力，旅游景区需要从多个方面入手优化营销策略。

首先，宣传景区的卖点。这不仅涉及展示景区的独特之处，还包括通过视频内容展示景区的文化和历史背景。旅游景区通过详细介绍景点的特色，可以吸引对特定文化或活动感兴趣的观众。

其次，整合资源。旅游景区可以与其他旅游业者合作，共同推广彼此的产品和服务。这种合作不仅可以扩大景区视频的观众基础，还可以通过交叉推广增强景区的市场影响力。产品搭售是销售策略之一。例如，景区可在直播或短视频中推出特定的旅游套餐，如门票、餐饮服务和纪念品等。通过打包销售，景区不仅可以提供更多的价值给消费者，还可以激励观众在观看直播或短视频过程中购买产品。平台推广也是提高销售转化率的重要突破口。景区选择合适的直播平台和短视频平台进行内容发布，可以精准地定位目标观众。景区通过在平台上开展促销活动或者与网红合作，可以扩大影响力，吸引更多客户，但达到这一目的并非易事。

最后，随着旅游行业的不断发展，许多旅游景区开始探索新的营销模式。受到食品外卖业务兴起的启发，这些景区开始尝试将外卖服务应用到旅游产品销售中。这意味着旅游景区需要采用不同于传统的思维方式，以适应当前市场的需求。开展旅游产品外卖业务，与传统网店销售的差别主要在于服务半径。外卖业务通常覆盖的是较小的地理区域，业务范围为方圆3000—5000米，这限制了服务的消费者数量。因此，在缺乏实体门店支持的区域范围内，商家仅仅依赖外卖平台大量的流量投入，并不足以有效拓展业务。旅游产品的种类相对有限，这也增加了外卖业务的挑战。目前，大多数旅游景区的外卖业务处于初级阶段，外卖营业额通常只占总营业额很小的一部分。在这种情况下，旅游景区主要依靠已有的忠实客户群和现有的营销渠道来推广其外卖业务。这种依赖表明，尽管外卖模式为旅游景区提供了一种新的收入渠道，但旅游景区要实现业务大规模的扩展，还需要更多的策略和创新。

面对未来旅游产品外卖业务的发展，景区需要与外卖平台进行更深层次的合作。这种合作不仅涉及利用外卖平台的流量和技术优势，还涉及利用景区的文化资源，以及深入了解和把握消费者的心理和需求。通过这种深入的合作，旅游景区可以开发出更具吸引力的文化旅游产品，这些产品不仅能够满足消费者的需求，还能够提升消费者的体验，从而在竞争激烈的市场中脱颖而出。在设计新的文化旅游产品时，设计者需要创造性地思考，通过短视频等营销渠道展示产品的独特魅力。这不仅涉及视频内容的创作，还包括通过各种营销策略来提高用户的参与度，增强用户的购买意愿。例如，旅游景区可以通过展示具有故事化的视频内容，介绍景区的历史文化背景，增加产品的文化附加值。

二、技术赋能方面

（一）流量运营能力

随着市场环境的变化，无论是专注于特定客户群的私域流量，还是专注于广泛的公域流量，流量管理和运营对传统销售点日益重要。销售点应平衡对现有顾客的维护与新顾客的吸引，以确保业务的持续增长和较强的市场竞争力。在当前市场环境下，越来越多的旅游景区采用以结果为导向的营销内容发布策略。这种策略不仅关注即时的营销效果，还注重通过精准的内容投放来达成长期的顾客关系管理和促进顾客忠诚度的提升。对传统销售点而言，运用这种结果导向的策略至关重要。实施这种策略，不仅涉及创作吸引人的营销内容，还包括通过数据分析来优化营销策略，以更好地满足消费者的需求和预期。例如，通过分析顾客行为数据和购买历史，销售点可以准确定位营销活动，设计个性化的促销活动和内容，从而提高顾客的参与度，增加他们的购买频次。

随着技术的进步，数字营销工具和平台使销售点能够更精确地管理流量来源和与顾客的互动。利用这些工具和平台，销售点可以在不同的营销渠道上实施多元化的策略，例如，通过社交媒体、电子邮件、在线广告等吸引更广泛的公域流量，同时通过会员制度、定制服务等提高私域流量的忠诚度和活跃度。要实现有效的流量运营，销售点还需要在策略上进行持续的创新和调整。市场和消费者的期望是不断变化的，因此持续的市场调研和消费者分析是必不可少的。这有助于销售点在营销活动上保持创新，在产品和服务上持续改进，以满足市场的最新需求。

　　成功的私域流量运营始于对内外部数据的广泛收集和精细化管理。其中，内部数据主要涵盖交易记录和会员信息等，外部数据主要包括用户行为和社交互动等方面的数据。通过整合这些数据，企业可以增加数据资产，进而赋能企业的数据中台，即私域流量池，可以使用这些私域流量来推动品牌营销。这一过程涉及利用丰富的流量运营手段来扩展流量基础，并塑造和优化品牌形象。通过有效的流量运营策略，企业不仅能够加强与消费者的互动，还能在市场中提升品牌的可见度和影响力。将运营中产生的流量沉淀到私域流量池中是一个关键的步骤。在此过程中，数据不断转化并积累为更有价值的数据资产。通过这种方式，流量资源和数据资源形成了一个自我强化的闭环，使企业能够在竞争激烈的市场环境中持续发展。基础数据的收集和维护非常重要，企业需要先通过数据来追踪和记录流量的每一个环节，然后进行数据分析和应用。这种数据的深度挖掘和应用能够有效地沉淀知识，提升决策质量，并最终实现数据闭环的运营。在私域流量的运营中，数据闭环的构建尤为重要。数据闭环不仅能帮助企业了解用户行为，还能够通过数据驱动的方式提高流量闭环的运作效率。这种机制最终形成了闭环运营模式，使企业能够在保持竞争力的同时，更好地满足消费者的需求。

　　对旅游景区来说，构建一个高效的整体策略并制定全渠道的私域流量建设战略尤为关键。这涉及提升私域流量的数字化运营能力以及解决流量曝光不足的问题。旅游景区需要进行策略规划，以确保线上、线下平台的无缝对接，同时对内部、外部的数据进行有效的整合。通过这种数据整合，旅游景区可以根据不同目标消费者的需求和偏好，选择合适的媒体矩阵进行精准营销。这样的营销策略不仅能增强营销活动的触达效果，还能通过数据分析来优化营销投放，从而提高营销效率。然而，实施这种数据驱动的营销策略在短期内是具有挑战性的，因为这需要技术支持和数据分析。同时，由于旅游产品具有特定的属性，所以对旅游景区而言，有效地吸引客户并维持客户的兴趣成为一大挑战。旅游景区在这方面的努力不局限于增加曝光量，也包括提升流量质量和客户参与度。例如，通过定制的旅游体验和互动式的内容发布，可以提高消费者的参与度和满意度，从而不仅吸引了新客户，还保持了现有客户的忠诚度。

旅游景区的营销策略需要与时俱进，定期的市场评估和策略调整至关重要。旅游景区需要不断地测试和优化营销策略，以应对快速变化的市场环境和消费者行为。这包括分析营销活动的效果、根据客户反馈调整营销策略、探索新的营销渠道、应用新技术，以保持竞争力和市场地位。在寻找和扩大流量的过程中，旅游景区还需要特别注意流量的质量和转化率。这意味着旅游景区除了追求流量的增长，还要关注通过高质量的内容和服务将这些流量转化为实际的访问和购买。通过细致的消费者画像和个性化的营销策略，旅游景区可以更有效地吸引和留住目标客户，进而提高营业绩效。这对旅游景区而言，也是一个不小的挑战。

（二）技术转化能力

1.技术升级

在当前的大环境下，场景化营销被视为未来产品推广的重要趋势。这种营销策略致力整合信息、服务和体验，以创造让消费者沉浸其中的环境。然而，当前场景化营销面临一些挑战，尤其是在聚合信息的能力、提供服务的广度以及营造体验的深度方面仍有很大的提升空间。构建一个有效的营销场景不仅需要丰富的创意，还需要有供应链支撑。目前，许多行业，尤其某些传统行业，还未完全实现线上、线下一体化的供应链整合。这种供应链的不连贯限制了场景化营销的发展，使得无论在线上还是在线下，营销场景都无法形成系统化的结构，缺乏扩展到更大规模的能力。技术发展，尤其5G的成熟和普及，预计将为场景化营销提供更多的可能。5G的高速度和低延迟特性能够突破许多现有的技术障碍，为实现更加丰富的用户体验提供基础。随着5G的发展进入一个新的阶段，预计旅游景区将能够更好地处理大量数据，使营销场景更加丰富和吸引人。旅游景区可利用最新技术来进行场景化营销。这也是一种挑战。因为这不仅是一个技术问题，也是一个战略问题，涉及技术升级和业务创新。为了实现有效的场景化营销，旅游景区需要不断探索通过技术创新来强化供应链，优化信息整合、服务提供的方式；同时，旅游景区要及时调整和优化营销策略，确保能够真正满足消费者的需求，给消费者带来可以让他们感受到价值的体验。

2. 技术敏感度

在当前的市场环境中，旅游景区面临一系列挑战，尤其是在实现线上、线下联动营销的过程中。一些旅游景区还没有充分利用技术带来的机会，尤其在人工智能技术和大数据技术应用方面。这些技术的应用能够显著提升顾客管理和市场营销的效果。例如，旅游景区通过精准的数据分析，能更好地了解游客的行为和需求，从而为游客提供更加个性化的服务。然而，由于缺乏对这些技术的敏感度和投资，一些景区未能在增强游客黏性、维护老游客以及吸引新游客方面发挥出技术优势。为了解决此问题，旅游景区需要认识到技术创新在当今竞争激烈的旅游市场中的重要性。通过增加技术投资、应用新技术，旅游景区可以实现线上、线下营销活动相结合，为游客提供良好的体验。例如，旅游景区利用人工智能来分析游客数据，可以识别最受欢迎的景点和服务，预测游客流量，从而优化资源配置，提升服务效率。大数据技术的应用也至关重要。利用大数据技术分析游客的行为模式和消费习惯，旅游景区可以开发更加符合游客期待的产品和服务，实现个性化营销。这不仅有助于提升游客的满意度和体验感，还能提高游客的回访率和推荐率。此外，旅游景区还可以加强与技术提供商的合作，引进先进的技术解决方案，如移动支付系统、虚拟现实体验等，这些都是提升游客体验的有效工具。旅游景区也可以培养内部技术团队，或与外部专家合作，从而加快技术应用和创新的步伐，快速响应市场变化和游客需求。

对一些行业而言，尤其零售行业，尽管利用人工智能技术能够提升客户体验，但这些行业在学习和应用先进技术方面遇到了显著的困难。人才缺口限制了技术的快速引进和有效应用，导致新技术的应用进程缓慢，特别是在将这些技术转化为实际业务成果上。而且，尽管人工智能技术已经开始在零售行业中得到一定的应用，但技术成熟度还有待提高。在进行消费者行为、偏好和购买习惯的大数据分析时，现有的人工智能系统往往还不能提供足够清晰的消费者画像。这导致零售商无法根据消费者的实际需求进行精准的产品推荐和营销，未能充分发挥人工智能技术的作用。未来，随着人工智能技术的不断发展和成熟，预计这些问题将得到解决。零售行业，包括旅游景区的旅游产品销售，将能够利用用户数据定位和画像技术，实现更高效的市场分析和客户服务。这不仅将使零售商能够更准确地预测和满足消费者的需求，还将大大提升消费者的体验，提高销售效率和盈利能力。为了实现这一目标，旅游景区需要更加重视人才的培养和引进。加强数据科学和人工智能领域的培训，是推动技术创新和应用的关键。另外，旅游景区应该与科研机构、高等院校合作，共同研发符合行业特点的人工智能应用方案，以加速技术的实际应用和产业转型，这也对广大旅游景区提出了挑战。

（三）数据应用能力

在当前市场环境下，数据已经成为竞争的关键。特别是在旅游行业中，有效地利用数据来深入了解消费者行为和需求，是实施差异化营销策略的前提。精准地分析消费者需求，并有效地沉淀数据资产，成为旅游景区实现私域运营目标的基础。旅游景区需要吸引新客户，拓展获客渠道。要实现这些目标，旅游景区要有效地利用消费者数据。数据的价值不只是在于收集，更重要的是能够在不同的消费场景中实现数据变现，使数据转化为数字资产。为了实现数据的价值，旅游景区要具备强大的数据收集、管理能力，以便能够沉淀和利用来自多个触点的数据，实现全链路的营销价值衡量。实现数据的全链路利用和闭环管理，是旅游景区面临的一个重大挑战。这不仅涉及数据收集和分析的技术，还涉及利用数据驱动营销决策和客户服务优化。对一些旅游景区而言，内部的数据能力和技术可能不足。这些旅游景区需要加强自身的平台建设，优化和整合现有的服务点，特别是通过数字化和智能化手段，打造更为高效的智慧零售平台。通过这样的平台，旅游景区不仅可以收集和分析游客数据，还可以在此基础上为游客提供更加个性化和高效的服务，优化游客的体验。此外，智慧零售平台的建设有助于旅游景区更好地管理和利用自身的资源，实现成本效益最大化，同时能帮助旅游景区快速响应市场变化，灵活调整营销策略。

综观当今的市场环境，旅游景区还面临更有效地整合和利用数据的挑战。为了应对这一挑战，旅游景区可以考虑借助外部专业数据运营企业的力量。例如，一些服务提供商能够从社群管理、公众号运营、分享机制、搜索优化、支付系统、广告策略等多方面，为旅游景区提供全方位的数据闭环服务。这样的服务不仅能为旅游景区线上、线下的分级销售提供基础支持，还可助力景区逐步实现全渠道线上化、业务数据化以及数据智能化的目标。通过这种外部合作，旅游景区可以大大增强私域运营的能力，积累更多的数据资产。这些数据经过深入分析后，将逐步转化为景区的增值资源，有利于提升景区的运营效率和服务质量。然而，对中小型旅游景区而言，引入这种高端数据运营服务可能会带来经营上的压力，因为这不仅需要较高的初始投入，还需要一段时间来逐步适应这种新的运营模式。对规模较大的旅游景区而言，虽然发展数智化业务也需要一段时间，但在资源和资本的支持下，可能会更加顺利地进行数智化转型。随着数据的广泛应用，一个不容忽视的问题是个人隐私安全和敏感数据保护。在大数据时代，消费者数据的广泛收集和使用不可避免地带来了隐私泄露的风险。保护个人隐私，需要国家政策的引导和法律法规的支持。同时，企业和网络平台必须采取数据保护措施，如加强数据加密技术的应用、设置数据访问权限、实施细致的用户数据管理和监控策略。此外，提升公众的数据保护意识非常重要，这需要通过教育和宣传来增强个人对数据隐私的保护意识。

三、运营维护方面

（一）团队运营能力

在当前的互联网和新零售时代的背景下，旅游产业正经历转型升级。这一过程对具备多项技能的复合型运营管理人才的需求非常迫切。营销成败与否往往取决于运营团队成员专业水平的高低。平台运营不仅需要团队成员深入了解旅游营销的专业知识，还要求他们掌握新媒体营销的相关技能。运营团队成员需要具备内容策划、技术应用、营销推广等多个方面的专业能力。

在直播和短视频成为主流的今天，旅游景区运营团队成员若想在激烈的市场竞争中抓住流量红利，进行有效的营销，打造出爆款旅游产品，需要具备较高的专业素质和精细的操作能力。成功的例子背后，往往有专业运营团队成员的默默支持。这些团队成员不仅负责日常营销内容的更新和维护，还在适当的时机进行爆发式营销，确保旅游景区与目标受众有良好的互动和沟通。线上营销的成功不仅依赖吸引眼球的内容，还需要运营团队成员保持对市场动态的敏锐洞察力，对营销时机进行精准把握。运营团队成员还应不断地调整和优化营销策略，以应对快速变化的市场环境和消费者偏好。对旅游景区来说，要加强对复合型专业人才的培养和引进。例如，旅游景区可以与高等院校合作，开设相关课程，为员工提供培训机会，或者引进行业内的专家对员工进行指导和训练。同时，旅游景区需要为员工提供具有吸引力的职业发展机会，以吸引并留住复合型专业人才。

另外，旅游景区的营销流程从头至尾都需要精心策划和管理。这包括账号的初始定位、内容的选择与策划、直播文案和短视频脚本的撰写以及实际拍摄过程中的场景处理。要选择合适的背景音乐，进行营销推广、账号维护和粉丝管理等，这里的每一步都需要投入大量的精力、资源和资金，如初期的设备和技术投资、运营过程中的成本投资。因此，为了在直播和短视频营销的竞争中脱颖而出，旅游景区需要准备充足的人力、物力和财力。如果旅游景区希望取得成功，那么建立一支多技能的专业运营团队非常重要。为此，旅游景区应从多个方面努力，具体如下：引进具备相关专业技能的人才；为运营团队成员提供持续的业务培训的机会，以保持团队的专业水平；实施市场化的薪酬制度，以吸引和留住人才。因为专业人才的引进可以帮助旅游景区更好地了解市场趋势和消费者需求，系统的培训可确保运营团队成员能够有效地使用最新的技术和营销策略，合理的薪酬制度是提高员工绩效和忠诚度的关键，尤其在旅游业这个高度依赖创意和技术更新的行业里。

（二）社群维护能力

对旅游景区来说，社群维护能力是取得成功的一个关键因素。社群营销在精确目标定位、高效率推广和迅速市场渗透方面具有优势，成为当今营销的重要途径。然而，社群营销策略的实施，对旅游景区而言充满挑战。旅游景区在运营社群时，需要在多个方面投入精力和创意。首要任务是创作高质量的内容、精心策划营销活动，这些内容和活动要能够引起社群成员的关注。此外，运营团队成员需要引导社群内的话题，以提升社群成员的参与度。这不仅关乎营销内容的吸引力，还涉及通过对话题的精准引导和管理，促进社群成员的互动和讨论。

活跃社群氛围是维护社群成员黏性的一个关键策略。组织各种互动活动，设置激励机制，可以有效提高社群成员的活跃度和忠诚度。这种策略不仅能加快社群的成员增长，还能通过口碑效应达到裂变增长的效果。旅游景区社群运营团队的成员还要在顾客参与后迅速与顾客建立联系，变被动接触为主动互动。这要求运营人员能够快速而准确地抓住社群成员互动的时机，并采取相应的行动来巩固这种联系。

平衡社群规模和活跃度，也是社群维护中的一大挑战。一个庞大的社群如果活跃度不高，则难以发挥其本应有的市场影响力；一个小而活跃的社群虽然氛围活跃，但影响力可能有限。因此，如何在扩大社群规模的同时保持或提升社群活跃度，是需要社群运营团队成员思考的问题。

对社群营销数据的分析与复盘同样至关重要。通过对历史数据的详细分析，旅游景区可以了解哪些营销策略有效，哪些策略需要改进，从而不断优化社群营销策略。这样，旅游景区不仅能提升营销效果，还可以实现资源的优化配置和营销预算的合理化。

（三）资源整合能力

在移动互联网时代，全链路营销成为旅游景区推广自身的一种必要手段。技术的持续进步推动了营销策略的逐步发展，也为全渠道贯通运营提供了重要的技术保障。在此背景下，旅游景区如何有效整合现有营销渠道，优化营销内容投放的媒体组合效果，成为一个亟待解决的关键问题。旅游景区要进行传统的线下旅行社、线上电商平台、社交媒体平台的多渠道资源整合。这种整合不是简单的资源叠加，而是需要创建一个全天候、多渠道、开放、共享的信息平台，使消费者能够在不同渠道和平台间自由穿梭并得到无缝衔接的购物体验。这种体验可以大大提升消费者的满意度，并引导他们产生更多的消费需求。

　　旅游景区在营销过程中，需要在消费者购买旅游产品的各个阶段为他们提供具有针对性的营销信息。这不仅涉及对消费者需求的准确把握，还包括通过精准的数据分析，实现对消费者行为的有效预测和影响。这样，旅游景区可以有效地引导消费者的购买决策，增强消费者的购买意愿。然而，尽管全链路营销具有巨大的潜力，但是当前一些旅游景区在资源整合能力方面存在不足。这种不足可能源于多种因素，如缺乏有效的技术支持、市场洞察力不足或内部协调不够顺畅等。这些旅游景区需要在这些方面增加投入，以确保可以充分利用现有的资源。为此，这些旅游景区需要投入相应的资源来优化其技术平台，使技术平台能够处理大量数据并提供实时反馈信息，从而更好地适应快速变化的市场环境。旅游景区还需要对营销团队成员进行持续的培训，确保营销团队成员不仅掌握最新的营销技能，还能够了解和利用复杂的消费者数据来优化营销策略。另外，旅游景区应该探索与外部合作伙伴合作。例如，与技术提供商合作开发更先进的数据分析工具，或与媒体和广告公司合作，拓宽营销渠道，从而提高营销效率。通过这些合作，旅游景区不仅可以提升自身的技术水平和营销能力，还能通过资源共享和优势互补，实现持续发展。

第二节　未来展望

一、信息互联，技术赋能，数智化营销前景可期

（一）营销渠道与终端服务数智化

1. 融合与优化的营销渠道

在数字化时代，消费者的购买行为和偏好通过各种在线平台变得越来越透明。在此背景下，旅游景区不仅要在传统的营销渠道上保持活跃，还要在数字平台和社交媒体平台上展示强大的存在感。通过整合传统营销渠道与数智化营销渠道，旅游景区能够获得全面的消费者数据，从而为游客提供更加个性化的服务和体验。另外，旅游景区要进行数据整合。数据整合是实现营销渠道数智化的关键，这涉及将消费者行为数据、产品信息、订单历史数据等整合到一个数据管理系统中。旅游景区还可以使用高级数据分析工具，对游客的行为进行实时监测和分析，从而了解游客的需求和偏好。这种深入的数据分析，有助于营销团队成员在正确的时间，通过合适的渠道，向特定的消费者群体推送合适的营销信息。应用高级数据分析工具，旅游景区还能够进行精确的客流分析，识别高客流量的时间段和区域。这对优化营销活动的时间安排和地点选择至关重要。智能数据分析还可以帮助旅游景区确定有效的营销触点，无论是通过电子邮件营销、社交媒体广告，还是通过移动应用推送通知，都能够确保营销信息触达目标受众。在选择新的服务位置或举办特定活动时，智能选址工具可以根据历史数据和消费者行为模式提供支持，不仅能够

提升旅游景区的服务效率，还能够优化游客的体验。通过将这些智能工具与营销活动相结合，旅游景区能够促进游客消费，实现销售额增长。

数智化营销不是一次性的任务，而是一个持续的过程。旅游景区需要不断收集和分析营销活动的反馈信息，以便不断调整和优化营销策略。例如，旅游景区可以收集和分析不同的营销信息，调整目标受众，或改变营销渠道的使用方式。通过持续优化营销策略，旅游景区能够在竞争激烈的市场中保持领先地位，同时提升消费者满意度和忠诚度。

2. 加强消费者分析与智能选品

在信息互联的时代背景下，技术的赋能给营销策略带来了变革，尤其在旅游行业中，数智化营销已经成为推动业务发展的重要动力。在数智化营销中，加强消费者分析与智能选品，是实现精细化管理和提升顾客满意度的关键环节。

随着数据分析工具的发展，旅游景区能够收集并分析大量关于游客的数据，如游客的基本个人信息、历史购买记录、行为模式、偏好和反馈信息等。通过对这些数据的分析，旅游景区能够深入了解消费者的需求和期望，从而对服务和产品进行精准的定位。例如，通过分析游客对旅游套餐的反馈信息，景区可以调整服务组合，确保所提供的每一项服务都能够符合或超出游客的期待。此外，通过跟踪和分析游客在景区的移动路线和停留点，景区管理者可以优化游览路线设计，减少交通拥堵，提升游客体验。

智能选品工具的应用，可以提升旅游景区选择产品和服务的效率和准确性。这些工具通常基于算法，能够分析历史数据和市场趋势，预测未来的消费行为。例如，智能选品工具可以根据过去的销售数据和游客的季节性偏好，自动判断哪些旅游产品或服务在特定时间可能会有更高的需求。这种预测能力不仅可以帮助旅游景区在旅游高峰期提前准备足够的资源，避免资源浪费，还可以在旅游淡季通过推广可能受欢迎的新活动或优惠，吸引更多游客。

通过进行消费者分析和应用智能选品工具，旅游景区能够实现科学的运营决策。这种基于数据驱动的决策模式，能够大幅提高景区的运营效率和市场竞争力。例如，通过数据分析，景区管理者可以了解哪些营销活动的投资回报率较高，从而优化广告预算的分配。另外，通过分析游客的在线行为和反馈，旅游景区可以优化景区网站和在线预订平台，使之更符合用户习惯，提高在线预订的转化率。通过对社交媒体上的游客互动进行分析，景区可以更有效地进行社交媒体营销，提升品牌影响力和游客的参与度。

3. 多种营销渠道互联互通

在数智化营销的框架下，旅游景区通过线上、线下营销的整合，能够为游客提供无缝衔接的服务。例如，游客可以在线上预览旅游景区的详细信息，如游客评价和实时天气状况信息，可进行虚拟游览，然后在线下进行旅游活动。这种营销模式不仅有利于游客的行程安排，还能通过提供全面的信息和便捷的预订服务，提升游客的满意度和忠诚度。通过线上平台和线下体验的融合，旅游景区能够实现双向引流。线上平台的推广活动可以吸引游客前往景区参观，线下的良好体验能激励游客在线上进行景区信息分享和景点推荐，从而使线上、线下形成良性的互动循环。例如，旅游景区可以通过在线活动为游客提供特定的折扣优惠，吸引游客到店消费，同时在景区内部设置特定的拍照点和互动装置，鼓励游客在社交媒体上分享旅游体验，从而吸引更多人关注景区并到景区旅游。

社交媒体和移动应用的普及为旅游景区提供了与消费者直接沟通的渠道。这些平台不仅可以用来发布景区信息和促销活动信息，还可以作为收集游客反馈信息和建议的工具。通过与游客实时互动，旅游景区可以更快地响应游客的需求和解决问题，这种快速反馈机制是传统营销方式难以比拟的。游客可以通过多个渠道轻松获取信息、预订服务和分享旅游体验，社交媒体和移动应用的这种便捷性极大地提升了游客的满意度。旅游景区还可以通过分析收集到的数据，了解游客的行为和偏好，进而为游客提供个性化的服务。例如，分析游客的历史活动和反馈，根据分析结果，推荐他们可能感兴趣的新活动，这不仅能满足游客的需求，还能提高游客的忠诚度。

随着技术的不断进步和消费者习惯的变化，旅游景区的数智化营销策略也要不断创新和调整。未来，通过进一步技术整合和数据分析，旅游景区可以实现更高层次的个性化营销、更精细的消费者管理以及更广泛的市场覆盖。这不仅将优化旅游景区的营销效果，还将给游客带来前所未有的旅游体验。

4.沉浸式消费体验

沉浸式消费体验是指通过使用各种数字技术和工具，如虚拟现实技术、增强现实技术等，使消费者能够全方位地体验产品、服务和环境，仿佛身临其境。旅游景区可利用这些技术和工具，让潜在游客在实际到访前就能够感受到旅游目的地的魅力，从而激发他们的旅游兴趣和购买意愿。数智化营销可整合和应用前沿技术，为旅游景区提供打造沉浸式体验的手段。例如，通过应用虚拟现实技术，游客可以在家中体验悬崖跳伞、深海潜水等活动，加强对实地访问的期待。增强现实技术可以在游客实际访问景点时，为游客提供互动的信息层。比如，通过智能手机或特殊眼镜，游客可以看到历史遗迹的历史信息、动植物的详细资料等，在一定程度上提高了旅游的教育性和娱乐性。

利用数字化渠道，旅游景区能够在游客的整个旅游决策过程中，为他们提供支持和互动渠道，从而激发游客游览兴趣，吸引更多游客预订旅游服务，并在旅游后分享旅游体验。这种全周期的参与方式不仅能为游客提供良好的服务体验，还使得旅游景区能够在游客旅游的各个环节收集数据，通过数据分析，优化服务并进行个性化营销，为游客提供沉浸式消费体验。这样，旅游景区能够显著提升游客的满意度，提升他们的忠诚度。对景区满意的游客更有可能成为回头客，也更愿意通过社交媒体将自己的旅游体验分享给亲朋好友，无意中进行免费而有效的景区推广。此外，通过沉浸式消费体验创造的独特卖点，旅游景区能在竞争激烈的市场中脱颖而出，吸引更多的游客。尽管沉浸式消费体验具有众多优势，但其实现面临技术、成本和消费者接受度等挑战，让消费者接受并习惯新的旅游体验方式，还需要景区进行持续的市场推广。

5.持续的渠道优化与闭环体系

实现持续的渠道优化和闭环体系的关键在于进行持续的数据收集与分析，通过收集各种渠道的数据，如在线预订系统、社交媒体互动、现场反馈和移动应用等的数据，旅游景区可实时、全面地了解消费者行为。这些数据不仅包括基本的交易记录，还反映了游客的行为模式、偏好和反馈意见。基于数据分析，旅游景区可及时调整营销策略和服务内容，以适应市场变化和游客需求。

随着数据分析能力的增强，旅游景区能够更敏感地响应环境变化和消费者行为的微妙变化。例如，如果数据显示某个特定活动或优惠未能达到预期的效果，那么景区可以迅速调整营销信息，或者推出新的促销策略。这种动态的策略调整不仅使营销活动保持活力，还可确保资源的有效利用和投资回报的最大化。数智化营销的最终目标是构建一个自我完善的闭环体系。这意味着每一次营销活动和客户互动都会被系统捕捉并分析，数据分析结果将直接影响下一轮的策略优化和资源分配。如此，旅游景区不仅能够实现营销策略的持续优化，还能在营销和服务过程中不断进步。

（二）媒介匹配与营销效果评估数智化

1. 智能化媒介匹配

智能化媒介匹配的实质是利用高级数据分析技术来优化广告投放策略，确保营销信息能够精准地传达给最有可能对旅游产品或服务感兴趣的消费者群体。这一过程涉及复杂的数据算法和机器学习技术。数据算法和机器学习技术能够从大量的消费者数据中提取有用信息，有助于优化营销策略。旅游景区可以通过多种渠道（如在线预订平台、社交媒体互动、客户反馈以及现场服务中的直接观察）收集游客数据，随后应用大数据技术处理和分析这些数据，以了解消费者的行为模式、偏好和需求。例如，通过分析游客在社交媒体上的活动，旅游景区可以了解哪些活动或景观较吸引人或游客对某项服务的反馈如何。

旅游景区还可以进行程序化购买。程序化购买是一种高度自动化的广告投放方式，指利用算法实时决定购买广告空间、定位广告，以最优化的价格达成交易。这种广告投放方式可以帮助旅游景区在正确的时间、向正确的人展示合适的广告，极大地提高广告的投放效率。此外，程序化购买还能够根据实时反馈调整广告策略，使营销活动能够灵活应对市场变化。

智能化媒介匹配不是一次性的过程，而是一个持续优化的过程。旅游景区需要不断地监控营销活动的表现，并根据收集到的反馈信息调整营销策略。这可能涉及改变广告的内容、调整目标群体或重新分配预算。旅游景区可以通过持续监控营销活动和调整营销策略，灵活应对竞争和市场的变化。

2. 精准的广告投放

精准的广告投放使得旅游景区能够解决传统广告中的"浪费"问题，即广告内容往往被那些对其不感兴趣的人看到。景区应将营销资源集中于最有可能做出消费行为的目标群体。精准的广告投放依赖深入的消费者数据分析。消费者数据包括消费者的地理位置、兴趣爱好、购买历史和行为模式等方面的信息。通过收集大量消费者数据，旅游景区能够使用算法和机器学习技术来识别消费者的特征。消费者数据为营销团队成员打下了实施精准广告投放的基础。例如，如果数据显示一个特定地区的游客对海滩度假感兴趣，那么旅游景区可以针对这一地区的游客推广海滨旅游套餐。

旅游景区可以通过收集和分析消费者数据来定位广告，例如可使用各种定向选项，如地理定向、行为定向、兴趣定向等，使广告出现在最可能感兴趣的消费者的设备屏幕上。此外，针对那些已经访问过景区网站但未完成预订的游客，旅游景区可以再次推送广告，提高销售转化率。通过精准的广告投放，旅游景区不仅能够提升单次广告的效果，还能够确保整个营销活动的连贯性，引导消费者做出购买决策。

3. 全链路营销的实施

在当今信息互联和技术赋能的背景下，全链路营销已经成为推动旅游短视频全链路营销创新的关键动力。这种营销的实施能促进营销活动的规模化、智能化和精准化，提高营销的效率和有效性。全链路营销涵盖了从顾客兴趣生成、做出决策到最终购买的每一个环节，确保营销信息在各触点无缝对接，给旅游景区带来了前所未有的变革。全链路营销的实施要求对现有的营销资源进行整合和规模化操作。这包括将传统广告、数字营销、社交媒体活动等多种营销方式融合，确保不同平台和媒体上的信息的统一性。通过规模化的操作，旅游景区可以扩大营销活动的覆盖范围，同时提高不同营销渠道品牌信息的一致性，使品牌信息深入人心。

精准化营销是全链路营销的一大趋势。通过对目标市场进行细分，旅游景区可以精确地定位营销活动，确保营销资源被分配到最有可能转化为实际游客的群体中。精准化营销的实施不仅依赖广泛的市场调研和数据分析，还需要运用行为分析技术和客户画像技术等，根据不同客户群的具体需求和兴趣，对营销内容进行个性化调整。

全链路营销的一个重要目标是提高营销活动的效率。这不仅意味着在正确的时间通过合适的渠道向正确的人群传达信息，还包括在营销活动的各个环节中实现成本效益的最大化。通过持续监测营销活动的表现，并根据实时数据对营销策略进行动态调整，旅游景区可以确保每一次营销投入都能产生较多的回报。

成功的全链路营销策略不是一成不变的。旅游景区需要根据市场反馈和技术发展情况，对全链路营销策略不断进行优化和迭代。为此，旅游景点要持续关注营销活动的表现，并定期评估营销策略的有效性。通过不断优化营销策略，旅游景区能够更好地应对快速变化的市场环境，同时保持较强的竞争力。

4.营销效果的评估

随着技术的发展，营销效果评估经历了革命性变化，不再局限于采用传统的数据收集和分析方法。现在，旅游景区可以利用先进的数据分析技术，全面评估营销活动的效果，这种评估通常包括量化的效果评估、创意的效果评估以及营销时长的效果评估。这些评估结果可为景区提供宝贵的信息，帮助景区精细化管理营销策略、优化资源配置，从而实现更高的市场效益。

量化的效果评估通过直观、具体的数据指标来衡量营销活动的表现，包括访问量、转化率和跳出率。每个指标都有独特的作用。其中，访问量代表特定营销活动或广告引起的关注度，是衡量营销活动吸引力的直接指标；转化率体现了使用者从关注到实际采取行动（如预订、购买）的营销效果，是评估营销活动最终成效的关键指标；跳出率反映了用户对营销内容吸引力和网站界面友好度的反馈，较高的跳出率可能意味着营销内容或网站界面设计需要改进。通过这些量化数据，营销团队成员可以直观地看到哪些营销策略有效，哪些营销策略需要调整，实现数据驱动决策，降低决策的不确定性。

创意的效果评估侧重评估营销内容的创意性和吸引力如何影响消费者的情感和行为。这种评估注重内容的原创性、广告设计的吸引力以及信息的传递效果。通过社交媒体互动（如点赞、评论、分享）和消费者直接反馈，营销团队成员可以获得广告创意的实时反馈信息。

营销时长的效果评估关注不同时间长度的营销活动对营销效果的影响，可以帮助营销团队成员确定有效的营销时间窗口。营销时长的效果评估包括分析短期促销活动与长期品牌建设活动的不同影响，找出最佳的营销时机，确定营销活动持续时间。短期营销效果评估通常关注实时的销售增长或流量增长，长期营销效果评估则关注品牌认知度和客户忠诚度。

通过以上几个方面的评估，旅游景区可以了解多维度的营销效果，不仅能了解各个营销活动的实时表现，还能评估它们对品牌长远发展的贡献。此外，这种综合评估可以帮助旅游景区在未来实现更好的资源分配和营销策略调整，确保每一次投入都能带来较高的回报，在市场竞争中持续保持优势地位。在信息互联和技术赋能的支持下，数智化营销的未来充满希望，这预示着旅游营销策略要持续进化和创新。

5. 数据驱动的二次营销

数据驱动的二次营销起始于对既有数据的详细分析，这些数据包括用户的浏览历史、在特定页面的停留时间、点击行为以及对特定内容的互动反应等方面的数据。通过分析这些数据，营销团队成员可以识别出哪些用户表现出了购买意向但最终未完成购买行为。这一步是二次营销成功的关键，可帮助营销人员了解用户未转化的原因（可能是价格、时间点不佳或购买流程中的其他障碍）。基于数据分析结果，旅游景区可以设计定制化营销活动，专门针对那些已表现出兴趣但未转化的用户。定制化营销活动可能涉及提供特别优惠、展示更具吸引力的旅游套餐或通过个性化的通信方式吸引用户。例如，如果数据显示许多用户在查看高价旅游套餐后未进行预订，那么旅游景区可能会向这些用户提供有时间限定的折扣，或推出分期支付选项以降低价格门槛。

通过精细的数据分析，旅游景区能够精确地定位营销活动，确保营销信息符合用户的实际需求和偏好。这样，旅游景区不仅能提高营销信息的相关性，还能提高用户的响应率。旅游景区还可以基于用户具体行为分析，实现营销内容的个性化，如在旅游景区网站上发布特定的活动信息或服务信息，提供相关活动的更多详细信息或用户可能感兴趣的其他活动信息。另外，旅游景区可利用先进的营销自动化平台，自动触发针对特定用户行为的营销活动，无须手动干预即可保持与用户的持续互动。该平台可以设置特定的触发条件。比如，当用户浏览了某个页面但未进行预订时，该平台自动发送电子邮件或短信提醒用户，以提高用户转化的可能性。二次营销的效果需要持续监测和评估。旅游景区需要定期评估二次营销活动的表现，了解哪些营销策略有效、哪些营销策略需要改进。这种评估不仅基于销售转化数据，也基于消费者对营销活动的反馈，以及营销活动对品牌知名度和顾客满意度的影响。

二、机遇与挑战并存，数智化营销新路径仍需探索

（一）环境变化带来的新机遇

1.技术进步带来的创新机遇

人工智能技术、虚拟现实技术和增强现实技术等前沿技术的应用，彻底改变了用户的观看体验，给旅游营销带来前所未有的机遇。这些技术不仅增强了用户的参与感，还为营销策略的多样化和个性化提供了强大的技术支持。

人工智能技术在视频内容创作和用户行为分析方面展现出巨大的应用潜力。通过机器学习和深度学习，人工智能技术能够分析大量用户数据，预测用户偏好和行为趋势。这使得短视频内容创作者能够根据数据分析结果定制个性化内容，精准地将短视频内容与不同用户的需求匹配。例如，人工智能技术可以帮助短视频内容创作者编辑和优化视频内容，确保视频在视觉效果和叙述上能够吸引目标观众。又如，人工智能技术能自动化处理许多烦琐的后期制作工作，如视频剪辑、颜色校正和声音优化，这能大大提高生产效率，从而降低成本。

虚拟现实技术为观众提供了一种全新的观看视频的模式，观众可以应用头戴设备进入一个完全虚构的三维世界。在旅游短视频中应用虚拟现实技术，可以使观众仿佛置身于旅游目的地，观赏那里的风景，了解那里的文化。例如，通过虚拟现实技术，用户可以"游览"远在他国的历史名胜，体验潜水或乘热气球等活动，无须离开家。这种沉浸式体验不仅可增加用户的参与度，也可激发用户的旅游兴趣和购买意愿。

增强现实技术可通过在用户的现实世界中叠加数字信息来增强用户的感知。在旅游短视频营销中，增强现实技术可以用来展示旅游景点的详细信息，如景点历史、开放时间等。用户只需将手机或其他设备的摄像头对准相关景点，即可看到这些信息。此技术不仅提升了信息的易获取性和趣味性，还能够为用户提供互动的体验。

2. 消费者行为的改变

过去人们往往通过旅行社、旅游手册或口口相传来规划旅游活动。在当前的数字化时代，消费者行为的改变已成为旅游短视频全链路营销的一个关键影响因素。随着互联网和移动设备的普及，越来越多的人开始在线获取旅游信息，观看与旅游相关的视频。这种趋势对旅游营销策略产生了深远的影响，旅游业现在侧重通过数字平台（如短视频平台）来吸引消费者。旅游短视频不仅可为用户提供景点的基本信息，如当地美食、文化活动及隐藏的旅游景点等方面的信息，还可展示游客的真实旅游体验情况，为用户提供直观、丰富的信息。

社交媒体的兴起改变了消费者的行为模式。在社交媒体平台上，用户不仅可以观看旅游视频，还可以实时分享自己的旅行经历和点评，这增强了旅游内容的吸引力和传播力。因此，在旅游短视频营销中，重视社交媒体平台的影响力和用户生成内容的潜力尤为重要。消费者决策过程的变化也是不容忽视的一点。如今，消费者在计划旅行时，越来越依赖在线评价和推荐，而良好的在线口碑可以显著影响消费者的旅游决策。因此，旅游短视频营销不仅要注重内容的吸引力和教育性，还要关注用户反馈和互动，通过正面的用户互动来提高用户对品牌的信任度和忠诚度。

3. 人们环境保护意识的增强

在当今社会，人们环保意识的增强已经影响到了各个行业，特别是旅游业。越来越多的人开始关注可持续旅游的概念，这对旅游短视频制作人提出了新的要求，也给旅游业带来了新的机遇。旅游景区利用短视频平台，可以展示景观的美丽，提倡环保旅游，吸引并教育公众，促使公众采取更为环保的旅游行为。可持续旅游的核心在于保护旅游目的地的自然资源和文化，确保旅游活动不会对环境造成长远的负面影响。旅游短视频制作人可以通过展示目的地的自然美景，强调环保旅游，如垃圾分类、低碳交通和保护野生动植物等，这不仅能够增强短视频的吸引力，还能够提高观众的环保意识。

短视频内容可以包含对当地环保项目的介绍，展示这些项目如何有助于保护环境、提升当地社区居民的生活质量。例如，短视频可以介绍一些成功的海洋保护区域，或展示某个地区如何通过恢复植被和生态系统来吸引游客。这种类型的内容不仅可教育观众参与环保旅游，还能展示环保措施对提升旅游体验的积极影响。在制作旅游短视频时，制作者还应当注重采用环保的视频拍摄方式，如使用可再生能源供电的设备，使用环保材料和技术，尽量减小视频拍摄过程对环境的影响。通过这种方式，短视频制作团队不仅能在视频内容中推广环保理念，也能在短视频制作过程中践行环保理念。

4.多平台整合的机遇

社交媒体和视频平台的多样化不断推动旅游短视频营销策略的优化。多平台整合已成为旅游短视频制作者扩大观众群和提高品牌影响力的重要机遇。通过在不同的社交媒体和视频平台发布内容，旅游短视频制作者可以接触到更广泛的观众，提升短视频内容的可见性和影响力。要实施这种多平台整合策略，旅游短视频制作者要了解每个平台的特性和受众偏好，创作合适的短视频内容，使短视频内容符合各平台的格式要求和观众的期望。

多平台整合策略还涉及跨平台的内容推广，如在一个平台上发布短视频的预告或花絮，引导观众到另一个平台观看完整内容。这种策略不仅能加强各平台的互动，还能增强用户的参与感，优化用户对品牌的整体视觉印象。通过多平台整合，旅游短视频制作者可利用各平台的数据分析工具，了解观众的行为和反应，了解哪些类型的短视频内容最受欢迎、哪些短视频发布时间最有效以及观众的地理分布情况等。基于数据分析结果，旅游短视频制作者可以调整内容策略，从而使短视频吸引更多的观众。

采用多平台整合策略，还可以提升搜索引擎优化（Search Engine Optimization, SEO）效果。在多个平台上发布短视频内容，可提高短视频内容的在线可见性，这有助于提高搜索引擎排名，吸引更多观众。这种多平台整合策略也能增强品牌的在线权威性，提高用户对品牌的信任度。

在实施多平台整合策略时，还需要考虑不同平台的短视频内容的一致性。虽然每个平台的短视频内容都可能需要适当调整，以适应不同的格式和观众，但保持品牌信息、视觉风格的一致性是至关重要的。这种一致性有助于打造统一的品牌形象，使品牌在不同平台上被用户轻松识别。

5. 全球市场的接触

随着互联网技术的发展，全球市场的接触已成为旅游短视频营销的重要战略方向。通过网络平台，旅游短视频能够迅速传播至世界各地，这不仅打破了地理界限，还极大地扩大了目标市场的范围。对希望拓展国际市场的旅游业者来说，利用网络平台发布旅游短视频是一条很好的路径。在全球化的市场中，短视频作为一种轻量级的媒体格式，特别适合跨国传播。视频可以轻松上传至各大社交媒体平台和视频平台。这些平台具备强大的国际覆盖能力，能够让视频内容瞬间触达世界各地的观众。此外，这些平台的算法优化，使得高相关性的内容能够展现给感兴趣的用户，可提高视频的观看率和互动性。

为了有效吸引和维护国际观众，短视频内容的多语种化尤为重要。为用户提供多种语言版本的视频，可以确保视频内容对不同国家和地区的观众都具有吸引力。这不仅涉及对话和解说文字的翻译，还涉及文化元素和非语言信息的本地化处理，如使用当地流行的音乐、符合地区特色的视觉设计等。

文化差异是国际市场营销的重要影响因素，不同文化背景下的观众可能对同一景象或活动有截然不同的感受和反应。因此，制作短视频时，制作者需要深入研究目标市场的文化特征和观众偏好，避免使用可能引起误解的内容。例如，一些在某文化中被视为吉祥的颜色和符号，在另一文化中可能并无特别意义或具有负面含义。

为了增强国际观众的参与感，短视频制作者可以在视频中加入互动元素，如通过观众投票决定下一个探访的旅游地点，或在视频中加入问答环节，邀请观众分享自己的旅游经验和建议。这样的互动不仅丰富了视频内容，也有助于建立起观众与品牌之间的情感联系。

随着全球市场接触的不断深入，旅游短视频制作者还需要关注国际法律和规范，确保短视频内容发布和广告活动符合各国的法律法规。通过合规操作，可以避免法律风险，保持品牌的良好声誉。

（二）移动通信技术的普及与应用

1. 提高内容的可接触性

移动通信技术的普及已经彻底改变了信息消费的方式，在旅游短视频的传播方面发挥了巨大的作用。智能手机和其他移动设备，使得观众不再受限于传统的观看视频的场合和时间，观众几乎可以在任何地点、任何时间观看视频内容。对旅游目的地和旅游服务提供者而言，移动通信技术提供了与潜在客户建立联系的新途径，扩大了营销活动的覆盖范围，提高了营销效率。在这种环境下，短视频成为传递旅游相关信息的理想媒介，因为短视频可以直观地展示旅游目的地的景观、文化和活动，比传统的文字和图片信息更能激发观众的兴趣和情感。通过智能手机，短视频内容可以迅速触达目标观众。观众可以通过点赞、评论或分享等方式互动，这种实时反馈为旅游服务提供商提供了宝贵的市场反馈信息和客户信息。

随着移动通信技术的进步，如 5G 的广泛部署，视频内容的加载和播放速度得到了显著提升。这不仅改善了用户体验，还鼓励用户在移动设备上观看更多的视频。对旅游短视频制作者而言，这意味着可以制作更高质量、更具互动性的视频，让观众能够通过观看视频感受到旅游目的地的魅力。

移动设备的普及促使旅游短视频的内容创作者更加重视移动优化的内容设计，使视频的格式、大小和时长都符合移动观看的特点。例如，较短的视频更受移动用户欢迎，因为它们更符合用户快速浏览的习惯。同时，视频的视觉效果和文本信息需要优化，视频要在小屏幕上仍然清晰可见。

旅游短视频通过集成社交功能，可以更容易地在社交网络上被分享和传播。许多旅游视频平台和应用内置了分享功能，使得用户可以一键分享视频到社交媒体平台，这样的功能极大地增强了视频的可见性和影响力。

2. 实时互动与反馈

随着移动通信技术的进步，实时互动和反馈已成为旅游短视频营销的核心组成部分。这些技术使得短视频制作者能够与观众进行实时互动，如通过直播问答、实时投票和实时反馈等方式进行互动。这种互动机制不仅拉近了观众与品牌之间的距离，还极大地提升了观众的参与度和满意度。

实时互动能够为观众提供娱乐体验、参与体验。例如，在直播中，观众可以提问，短视频制作者或导游可以即刻回答这些问题，这种互动形式能够让观众感受到自己的声音被听见和重视。此外，观众也可以通过实时投票，对视频内容或接下来的行程提出自己的建议。这样，观众可以参与视频内容创作，增强视频的吸引力。

实时互动为短视频制作者提供了宝贵的即时反馈信息。通过分析观众的反馈信息，短视频制作者可以了解哪些视频内容最受欢迎、哪些话题最容易引起观众关注。观众反馈对调整未来内容创作的方向和风格非常有用。例如，如果观众对某个特定的旅游景点的短视频反响热烈，那么短视频制作者可能会考虑制作更多关于该景点的详细介绍或者相关活动的视频。

实时互动也能够帮助旅游业者快速调整产品或服务。观众对旅游短视频的反馈可以直接影响服务提供者的决策。比如，如果多数观众对某个旅游套餐表达出浓厚兴趣，那么旅游公司可以即刻决定加大该套餐的推广力度；如果观众对某些服务或产品接受度不高，那么旅游公司可以迅速调整或改进服务、产品。

实时互动也会促进多媒体内容的整合。在直播或实时互动视频中，可以融入图文、链接或虚拟现实内容，使观众的体验更为丰富，帮助观众通过屏幕感受到旅行的魅力。

3. 个性化内容的推送

由于移动设备与用户的个人信息密切相关，所以营销者能够获取并分析用户的地理位置、观看历史、兴趣偏好等方面的数据，从而创作并推送个性化内容。这种内容策略不仅能提升用户的观看体验，还能提升用户对品牌的忠诚度。通过移动设备收集的数据数量大、种类多，这为打造高度个性化的用户体验提供了可能。例如，通过分析用户的地理位置信息，视频制作者可以推送与用户所在地相关的旅游目的地视频，或根据季节和天气条件推荐旅行计划。此外，用户的观看历史能揭示用户的内容偏好。营销者可以利用这些信息来调整推送的视频类型，确保视频内容与用户的兴趣相匹配。

用户观看视频时的互动数据，如点赞、评论和分享数据，都是洞察用户喜好和行为模式的重要信息源。这些数据不仅可以帮助营销者了解哪些视频内容更受欢迎，还能指导他们在未来制作视频时可以更好地满足用户需求。例如，如果某类视频频繁被用户分享，那么可以推断这类内容具有较强的吸引力，制作更多类似主题的视频可能会提高用户的参与度和满意度。个性化的内容推送还涉及推送时机的优化。通过分析用户的活动数据，营销者可以识别出用户较为活跃的时间段，并在这些时间段推送视频内容，以提高视频观看率。这种营销策略使得视频内容能够在用户较为活跃的时间传达给用户，从而优化营销效果。随着人工智能技术的发展，自动化内容个性化推送成为现实。机器学习算法可以在处理大量用户数据时自动识别模式和趋势，然后基于这些模式和趋势推送个性化内容。机器学习算法的应用不仅提高了个性化内容推送的效率，还提升了推送的内容的相关性和吸引力。

4.移动广告

移动广告为旅游短视频营销开辟了新的路径，提供了创新的方式，有利于增加旅游景区的收入，提高品牌的可见度。通过应用定位广告、移动横幅广告等，旅游营销人员能够精确地触达目标受众，同时提升用户体验，促进用户互动。

应用定位广告指广告商能够根据用户的地理位置推送相关的广告内容。例如，在用户观看关于某一旅游目的地的短视频时，系统可以自动显示该地区的酒店、餐厅或活动的广告。这种定位精确的广告不仅相关性高，还能激发观众的兴趣和购买意愿，因为这些广告提供的是观众可能正寻找的信息。

移动横幅广告通常以横幅的形式出现在视频内容的上方或下方，在不太影响用户观看体验的同时，能够有效传递广告信息。移动横幅广告灵活性高，可以包含动态元素或交互式功能，如直接点击预订旅游套餐或获取特别优惠功能。

除了标准的广告形式，移动广告技术还允许旅游营销人员利用视频内容中的互动元素。例如，可以在视频播放中的特定时刻插入可点击的广告。观众可以选择点击这些广告来了解更多信息，或直接进行购买。这种广告方式不仅增加了广告的曝光机会，还提高了广告的转化率。在此基础上，融合了增强现实技术的移动广告可以为用户提供沉浸和互动的广告体验。例如，用户可以将手机摄像头对准特定的图像或景点，触发相关的广告或促销信息。这种技术不仅增强了广告的趣味性，提高了用户参与度，还使广告内容与用户的实时环境紧密联系，增强了广告的个性化和效果。

视频内容创作者和营销人员可以通过分析用户对广告的反应，不断优化广告策略。移动广告平台通常为用户提供数据分析工具，可帮助营销人员了解广告的点击率、观看时间和转化情况等关键指标。这些数据不仅可以用来评估广告的效果，也可以作为未来广告投放和内容创作的参考数据。

5. 跨设备营销策略的实施

在多屏时代，移动通信技术的发展促进了跨设备营销策略的实施，这对旅游短视频的推广尤为关键。随着观众在日常生活中频繁切换使用手机、平板电脑、台式电脑等多种设备，营销人员要确保旅游短视频在这些不同的设备上都能为观众提供良好的观看体验，以扩大市场覆盖面，提升品牌影响力。跨设备营销策略的关键在于不同设备上的视频内容能够优化观众体验。为此，视频内容必须能够自动适应各种屏幕尺寸和操作系统。这不仅涉及视频的视觉呈现，如分辨率和布局的调整，还涉及视频加载速度的提升和互动功能的优化，确保在不同设备上都能保持视频流畅和清晰。

视频内容的展示方式需要根据不同设备的使用场景进行调整。例如，使用手机的用户可能偏好快节奏、时长较短的视频，这种视频便于在移动状态下观看；使用平板电脑和台式电脑的用户可能更适合观看较长的视频，这些设备通常在家中使用，观众观看视频的时间较长，可以了解详细的信息和复杂的叙事结构。

实施跨设备营销策略，还需要有强大的数据分析和管理工具。通过收集和分析用户在不同设备上的观看数据，营销人员可以准确地了解用户的行为模式，知晓如何在不同设备上分配广告预算、如何调整内容策略，以使视频内容匹配用户的设备使用习惯。例如，如果数据显示某一类型的视频在平板电脑上的观看率特别高，那么可以考虑为这种设备创作更多类似的视频内容。

技术的整合也是实现跨设备营销的关键。使用网络技术，可以使视频内容在各种浏览器和设备上都能兼容和高效运行。采用云技术，可以确保不同设备上的用户数据和视频观看进度能够实时同步，提升用户体验。

（三）数据驱动的营销策略

1. 目标市场精准定位

数据驱动的营销策略依赖大数据和高级分析工具来深入了解市场和消费者。通过收集和分析来自各种渠道（包括社交媒体平台、网站访问、在线预订系统及客户反馈）的数据，营销人员可以绘制复杂的消费者画像，了解消费者行为模式。这些信息可帮助营销团队成员了解特定用户群的偏好，如他们偏爱的旅游类型、预算范围、旅游时间偏好及其他相关信息。通过预测分析，营销团队成员能够预测特定市场趋势，并据此调整营销策略。例如，如果数据显示某一地区的用户对文化探险类旅游内容反应热烈，那么营销人员可以针对这一群体推出更多关于历史遗迹和文化节的短视频内容，以此吸引和维持用户关注。

数据驱动的目标市场定位也极大地提升了个性化营销的效果。基于用户的具体需求和偏好，营销者可以制作个性化的推广信息和旅游包，这不仅能增强用户的购买意愿，还能提高用户满意度和用户对品牌的忠诚度。例如，对海岛旅游感兴趣的用户，营销者可以向他们推送关于海岛旅游特价、旅游攻略和必体验活动的内容。

2. 内容个性化

创作个性化内容的关键在于利用数据分析来准确了解不同用户群体的具体喜好。例如，通过分析用户的观看历史、互动反馈和社交媒体行为，营销者可以了解某个群体可能偏好冒险旅游的视频，另一群体可能更喜欢文化和历史深度游的视频。通过分析这种信息，营销者能够有针对性地创作视频内容，确保每个视频都能够触及匹配正确的观众，引发观众共鸣。个性化内容的创作还涉及视频的呈现方式。基于用户的设备使用习惯和观看环境，营销者可以调整视频的长度、格式和视觉效果。例如，如果数据显示一个用户群体主要使用移动设备在通勤途中观看视频，那么短格式和高清晰度的视频可能更受欢迎。此外，为了提升视频的视觉吸引力，可以根据用户的视觉偏好调整视频的颜色方案和编辑风格。

创作个性化内容，也需要考虑文化背景的影响，不同地区的用户可能对相同的旅游目的地有不同的感知和期待。通过对地理、文化背景数据的分析，营销者可以更好地创作视频，使视频内容符合各地区用户的喜好和期望，增强视频内容的地区相关性。除此之外，实时更新内容也是内容个性化策略的关键部分。通过持续监控用户反馈和行为数据，营销者可以不断调整和优化视频内容。视频内容动态调整不仅响应了用户的即时反馈，还保证了内容始终保持新鲜感和相关性。例如，对反响热烈的视频主题或风格，可以增加相关视频的创作；对表现平平的视频内容，则可以适时减少或调整。

3. 把握营销时机

通过收集和分析用户的在线活动数据，营销者可以揭示出用户上线和观看视频的高峰时段。这些数据通常来源于多个渠道，如社交媒体平台、视频平台的观看统计、网站流量分析等。这些信息可帮助营销团队成员了解在一天中的哪些时刻用户最活跃，最可能观看视频。例如，数据显示，在工作日的晚上或周末的早晨，用户在线活动和观看视频的频率最高。基于这种洞察，营销人员可以安排在这些高峰时段发布新视频，或进行重要的营销推广，以确保视频内容能够得到最大限度的曝光和观看。这种营销时机的把握，使得视频内容更可能出现在用户的动态时间线上，提高用户观看概率。

了解用户的时间区域分布也是优化视频发布时机的关键。对跨国或全球营销的旅游短视频来说，考虑不同地区的时间差异尤为重要。例如，如果旅游目的地在欧洲，而大量的潜在观众位于北美洲和亚洲，则需要精心计划视频发布的时间，以使视频覆盖这些地区的高峰时段。

把握营销时机还涉及对节日、季节变化和特殊事件的考虑。例如，在学校假期或公共假日前发布与家庭旅游相关的短视频，可能会得到更多的视频观看次数和互动，因为这些时段是人们计划假期活动的高峰时段；发布与即将到来的大型赛事或节庆相关的视频内容，能够借助赛事或节庆的热度，获得更多的观众关注。

4.投资回报率测量与提升

营销者利用数据驱动的策略来分析关键的指标，如视频观看次数、点赞量、分享量以及转化率等，不仅可以准确评估各种营销活动的效果，还能够确保资源的高效利用，优化营销预算。视频观看次数通常是衡量视频受欢迎程度的首要指标，直接反映了视频内容的吸引力。高观看次数表明视频能够成功吸引目标观众，是营销活动初步成功的标志。然而，单靠视频观看次数并不能完全体现视频的营销效果。需要将视频观看次数与其他指标结合使用。点赞量和分享量进一步体现了观众对视频内容的认可。这些互动数据是评估观众参与度的重要指标。高点赞量和分享量通常意味着视频内容质量高，观众愿意将视频推荐给他人，这不仅增强了视频的传播力，也间接提升了品牌的影响力。转化率是衡量视频营销成效的关键指标，高转化率表明视频内容有效地激发了观众的行动欲望。通过对这些数据的详细分析，营销者可以获得多方面的信息，从而进行有针对性的内容优化，如调整视频的长度、增强视频开头的吸引力。数据分析还支持营销者对不同营销渠道和策略的效果进行比较。营销者可以根据每个营销渠道的投资回报率进行资源配置，优先投资那些表现很好的营销渠道。

5. 预测分析与趋势洞察

通过使用高级数据分析工具和机器学习技术，营销者不仅能够分析过去的数据，还能预测未来市场趋势和消费者行为。营销者能够以前瞻性的视角进行营销策略调整，抓住市场先机，从而在激烈的市场竞争中保持领先地位。

预测分析依赖大量的数据输入，如用户行为数据、市场动态数据、季节性因素数据以及经济指标数据等。通过这些数据，机器学习算法可以进行模式识别，并预测未来的变化趋势。例如，在旅游短视频营销中，通过分析历史数据中的用户观看习惯、偏好变化和反馈数据，机器学习算法可以预测哪种类型的旅游目的地或活动在接下来的季节里可能会受欢迎。

通过趋势洞察，营销者能够了解行业的新变化，如新的旅游热点、新的消费者偏好或新技术的应用。通过早期洞悉这些趋势，营销团队成员可以及时调整内容策略，设计符合趋势的营销活动，从而吸引更多的观众，并提升观众参与度。

机器学习技术在预测分析中的应用还包括情感分析，即通过分析社交媒体的数据和评论数据来了解消费者对某些话题的情绪反应。这种分析可帮助营销者了解消费者的情绪变化，预测某些营销消息或视频内容可能引发的公众反响。这样，营销者可以避免负面影响，加强积极内容的推广。通过预测分析，营销者还可以准确把握广告投放和促销活动的时机，确定消费者购买行为的高峰期，精准地安排广告投放和促销活动，确保在用户最感兴趣时将营销内容传递给他们，从而提高销售转化率和投资回报率。在进行预测分析时，要保证数据的质量和分析的准确性。这需要营销团队成员不断地评估和调整所用模型和算法，确保预测结果的可靠性。营销者还需要保持对市场动态的持续关注，确保预测模型能够及时反映市场和环境的变化。

（四）技术人才的关键作用

1. 创新与技术开发

随着技术的快速进步，新工具和技术的开发不断推动短视频内容的吸引力和互动性向更高水平发展。技术人才通过采用先进的技术，如增强现实技术和虚拟现实技术，可为观众提供前所未有的沉浸式视频观看体验，极大地增强了旅游短视频的表现力和吸引力。增强现实技术和虚拟现实技术的应用，允许观众通过虚拟环境来了解旅游目的地的景观和文化。这不仅增强了视频的互动性，还提升了视频内容的教育价值和娱乐性。例如，增强现实技术可以将数字信息和实际环境结合起来，观众可以通过自己的智能设备看到实景中添加的虚拟元素，如历史信息、景点解说及相关活动；使用虚拟现实技术，观众可以"走进"视频中的旅游景点，从全方位观看景点，体验如同亲自到访的真实感受。

技术人才在视频内容创作和传播方面也起到了重要作用。通过开发更高效的视频编辑工具、更智能的内容管理系统和更精准的数据分析软件，技术人才能帮助营销团队成员更快地创作和发布高质量的视频内容，并能够实时跟踪视频内容的表现和观众的反馈，据此快速优化视频。

技术人才还在实现跨平台内容整合上发挥着重要作用。随着消费者使用的设备和平台越来越多样化，保持营销内容在各平台上的一致性和可访问性变得尤为重要。技术人才可以通过开发和优化兼容各种设备和操作系统的视频播放器和应用程序，确保无论观众使用何种设备，都能获得优质的观看体验。技术人才还可以利用人工智能技术来分析观众行为、优化用户界面。人工智能技术可以帮助技术人才分析大量的观众数据，识别出观众的偏好和习惯，并基于这些信息自动推荐个性化内容，提高用户参与度和满意度。

2. 数据分析

技术人才通过对观众的观看习惯、互动反应和反馈进行详细分析，能够帮助营销团队成员了解哪些视频内容最能激发观众的兴趣。例如，分析观众在观看旅游视频时的停留时间和跳出率，可以揭示哪些视频主题或风格更受欢迎，哪些则可能需要调整。此外，通过分析点赞、评论和分享的数据，可以了解观众的参与程度和视频内容的影响力。技术人员也可以使用高级分析工具，如机器学习算法，预测观众的行为和市场趋势。这种预测不仅能帮助营销团队成员提前制定营销策略，还能使公司在竞争激烈的市场中抢占先机。例如，通过分析历史数据和市场动态，机器学习模型可以预测哪些新兴的旅游目的地将成为热点，使视频内容能够快速抢占市场。

通过数据分析，技术人才还能优化广告投放和内容分发策略。技术人才可以准确地确定哪些渠道和时间段适合发布特定类型的视频内容，以及如何调整广告预算来使投资回报率最大化。通过分析不同广告活动和营销策略的表现，技术人才能够为营销团队成员提供基于数据的建议，帮助他们做出明智的决策。数据分析还扩展到用户个性化体验的优化方面。个性化不局限于推荐系统，还涉及调整用户界面和优化用户体验，确保每个用户都能够在最喜欢的平台上获得很好的观看体验。

3. 用户体验优化

技术人才在优化用户体验时，首先会关注用户界面的直观性和易用性。直观的用户界面可以减少用户的学习成本，使新用户能够迅速了解和使用平台的各种功能。此外，确保用户界面设计符合用户习惯和心理预期，可以提升用户的操作舒适度和满意度。例如，将视频搜索、筛选和播放功能设计得既显眼又易于操作，可以帮助用户快速找到他们感兴趣的内容。互动设计也是技术人才在优化用户体验时重点关注的领域。通过增加互动元素，如评论、点赞、分享按钮，引入动态的元素，如滑动菜单和交互式教程，技术人才可以使用户在使用平台过程中主动参与，增强用户的参与感和归属感。个性化的内容推荐算法可以根据用户的历史行为和偏好推荐视频，这不仅能提升用户体验，还能促进用户对平台内容的探索。

在优化用户体验过程中，技术人才会利用数据分析工具来监测用户的行为和反馈，从而不断调整和优化用户界面/用户体验（UI/UX）设计。通过分析用户的点击率、观看时间、反弹率等指标，技术团队人员可以揭示哪些功能受欢迎，哪些功能可能造成用户困扰或不便，然后据此对平台功能进行优化。例如，如果数据显示用户在视频加载时存在较高的退出率，技术人员可能需要提高后端服务器的响应速度或改进视频缓存策略。确保视频内容的适配性，也是提升用户体验的一个重要方面。无论是在大屏幕的电脑上，还是在小屏幕的移动设备上，技术人员需要确保视频在各种设备上都能呈现很好的效果。这涉及视频的分辨率、比例和编码方式的优化，使视频能够适应不同的浏览、观看条件。

4. 数据安全与隐私保护

随着用户数据成为优化营销策略的关键资源，确保这些数据的安全性和符合法律法规的处理成为优先任务。技术人才通过一系列措施确保数据安全，从而加强用户对平台的信任，防止数据泄露和其他安全风险。

确保数据收集的高透明度，是保护用户隐私的第一步。技术人才需要负责制定清晰、透明的数据收集制度，确保用户明确知晓其数据如何被收集、使用及存储。这包括提供详尽的用户协议和隐私制度、在应用中明显位置展示这些制度，使用户在提供个人信息前能够做出知情的决策。

技术人才还要负责应用数据加密技术，保护数据在传输和存储过程中的安全。使用先进的加密标准，可以防止数据在互联网上传输时被截取。在服务器端，对敏感数据（如用户个人信息和交易记录等），也应通过数据加密技术进行保护，防止未经授权的访问和数据泄露。技术人才还需要确保系统的安全性，定期更新和维护互联网技术基础设施，修补安全漏洞，包括对软件进行定期的安全测试，如渗透测试和漏洞扫描、更新系统和应用程序，以对抗新出现的威胁。此外，部署自动化的安全监控工具，可以实时检测和响应安全事件，减少损害。对遵守法律法规的要求，技术人才必须确保所有的数据处理活动都符合当地及国际的数据保护法律法规，如欧洲的《一般数据保护条例》(General Data Protection Regulation, GDPR)或美国的《加州消费者隐私法案》(California Consumer Privacy Act, CCPA)。这涉及数据的合法收集、使用、传输以及用户访问自己数据的权利等，确保营销活动的合法性及合乎道德规范。

5. 营销的跨平台整合与管理

随着众多媒体平台的涌现，技术人才在开发和维护能够支持内容跨平台发布和管理的工具方面扮演了核心角色。营销的跨平台整合不仅能提高视频发布效率，还能确保在不同平台上品牌信息的一致性，并扩大观众的范围。技术人才利用专业技能，开发一系列的工具和系统，使得视频内容可以在多个平台上自动适配和同步更新，如社交媒体平台、视频分享网站和公司自有的数字平台等。应用先进的工具，技术人才还可以根据每个平台的特定要求和用户偏好，优化视频内容，如调整视频的格式、分辨率及互动元素，使视频适应不同平台的展示方式，符合观众的喜好。先进的系统支持实时数据分析，可帮助技术人才监控各平台上视频内容的表现，如观看次数、用户互动和转化率等。这种跨平台的数据整合允许营销团队成员快速获取关键指标，及时调整营销策略，以提高投资回报率。例如，如果某一平台上的视频表现不佳，那么技术人才可以迅速调整视频内容或投放策略，以优化视频的表现。技术人才还负责确保跨平台内容的一致性，这对建立和维护品牌形象非常重要。他们通过制定严格的内容标准、设计审查流程，确保在不同平台上发布的内容具有一致性，使之符合品牌的形象和风格。这种一致性不仅能帮助用户在不同的数字环境中识别和信任品牌，还可提高品牌的市场认知度。在管理跨平台内容时，技术人才还需要考虑各平台的特定算法和用户群体特征，可利用专业知识来提高内容在每个平台上的可见性和互动性。例如，通过调整内容发布时间、使用有针对性的关键词、利用平台特有的功能，增强内容的吸引力，提高用户的参与度。营销的跨平台整合与管理还包括定期的技术更新和维护，以应对快速变化的数字营销环境和不断更新的技术标准。技术人才必须持续学习和适应新技术，以确保营销工具和策略始终处于行业前沿。

（五）影响因素分析与风险管理

1. 对市场变化的敏感性

在旅游行业，市场的动态性很高，消费者需求和偏好受到诸多因素（如经济、社会及环境因素）的影响。不断变化的市场环境要求营销团队具备高度的市场敏感性，以便能够快速响应市场变化，调整营销策略。对旅游短视频全链路营销来说，保持市场敏感性是保持竞争力的关键。营销团队成员需要对市场趋势进行持续的监测，这包括了解和分析消费者行为、旅游目的地的流行度以及与旅游相关的事件等。例如，如果某个旅游目的地因为某个文化节日或重大事件而成为热点，那么营销团队成员应迅速了解这些情况，并调整视频内容发布计划，以吸引寻求相关信息的观众。

经济因素对旅游需求的影响尤为显著。在经济繁荣时期，人们更可能增加旅游支出，而在经济衰退时，则可能削减旅游预算。技术人才和数据分析师发挥着至关重要的作用，他们能通过分析经济数据和消费者购买力的变化，为营销团队成员提供对未来市场条件的预测信息，帮助营销团队成员预判并优化相应的预算和营销策略。社会因素也会影响旅游市场，如签证政策的变化、社会事件都可能影响某地区的旅游吸引力。

营销团队成员必须保持对这些变化的高度敏感，并能够灵活调整营销活动，以避免风险。环境因素包括自然灾害、气候变化等，会对旅游产生影响。营销团队成员需要通过持续监测和灵活的策略调整来应对环境变化。营销团队成员可以利用实时数据监控系统来跟踪这些因素，并调整营销信息，以确保旅游推广活动的实时性和相关性。

2. 技术依赖的风险

在旅游短视频全链路营销的领域，人们对先进技术的依赖程度日益提高，如人工智能技术、增强现实技术以及数据分析技术等。这些技术有效地提升了营销活动的效率和精准度，但也带来了一系列的风险，尤其技术故障和安全漏洞，这些问题可能导致营销中断和数据泄露，对品牌造成严重影响。技术依赖的风险主要表现在两个方面：一是系统的技术故障可能导致服务中断，影响用户体验，损害品牌信誉。例如，如果一个旅游短视频推广平台因为技术问题而频繁下线，那么用户的访问和互动会受到阻碍，这会影响营销效果。此外，技术的复杂性增加了故障排查和系统修复的难度，系统可能需要较长时间才能恢复正常服务。二是安全漏洞是一种重大风险。随着越来越多的用户数据被收集和分析，需要更加重视数据安全问题。黑客攻击或数据泄露事件，不仅会导致重要商业信息和用户隐私信息的泄露，还会引发诉讼和高额罚款，甚至会危及公司的生存。

为了降低风险，强化技术基础设施的安全性和可靠性至关重要。这包括采用最新的安全技术和协议来保护数据和系统不受未授权访问和攻击。例如，使用加密技术保护数据传输，实施多因素认证，提高系统访问的安全级别，使用安全的网络架构和云服务来保护数据。定期进行系统的安全审计和压力测试，也是必要的措施。这有助于识别系统中潜在的弱点和漏洞，及早修补漏洞，降低系统的安全风险。制订应急计划和灾难恢复计划，也是应对技术故障的重要策略。这些计划可使技术人员在发生技术问题时迅速采取行动，减小故障对公司运营的影响。在人力资源方面，培养一支既懂技术又了解市场需求的团队非常重要。这样的团队成员可以很好地管理和利用技术资源，确保技术的高效运用，降低技术依赖带来的风险。

3. 内容准确性与品牌声誉

在旅游短视频全链路营销中，内容的准确性与品牌声誉息息相关。旅游短视频是品牌与消费者互动的重要媒介，其内容的真实性、吸引力和教育意义直接影响观众的感知和品牌的声誉。确保视频内容的准确性，不仅是维护品牌形象的必要措施，还是长期保持客户信任和忠诚的关键。视频内容的准确性主要包括两个方面：一是信息的真实性。对旅游短视频而言，信息包括对目的地的描述信息、文化展示信息、活动推荐信息等。创作视频内容必须基于真实和最新的数据。误导性信息不仅会引起消费者的不满和投诉，还可能导致出现法律问题，如对虚假广告的指控。因此，视频内容制作团队人员要进行深入的研究和事实核查，确保所有展示的内容都是准确无误的。二是图像和声音的质量控制。高质量的图像和清晰、专业的声音，不仅能提升视频的吸引力，还能优化信息传达效果。技术人员需要使用高质量的摄影、录音设备，在后期制作中也要进行严格的质量控制，以保证最终产品能够达到高标准。此外，图像和声音的编辑应尊重文化多样性和社会标准，避免使用可能引起争议或误解的元素。

视频内容的教育意义是品牌形象的重要组成部分。教育性内容不仅能够加深观众对品牌的认识和了解，还能提升品牌形象。因此，旅游短视频不应仅仅聚焦视觉效果的展示，还应融入对旅游目的地历史、文化、生态的深入介绍以及对旅游活动的正确引导。这样的视频内容能够促进观众的思考和学习，增加视频的分享、讨论价值，提升品牌的形象。为了确保视频内容的高质量和准确性，品牌还需要制订一套完善的内容审核计划。这一计划应包括专业编辑、行业专家的审核和合法性检查等环节，以确保视频内容在发布前符合所有相关标准和法律法规。接受观众的反馈也是不断提高视频内容质量的重要环节，品牌应鼓励用户评价和反馈，对收集到的意见进行分析，并据此调整内容策略。

4. 竞争压力与创新挑战

在旅游短视频全链路营销竞争激烈的环境中，持续创新并成功地使品牌与众不同，是实现市场优势的关键因素。营销人员面临的挑战不仅是吸引观众的注意力，还包括在众多竞争者中脱颖而出。这要求营销人员不断地探索新的创意和营销方法，同时对竞争对手的战略进行深入的分析。

探索新的创意与营销方法是推动旅游短视频内容持续吸引观众的核心，这包括采用先进科技为观众提供沉浸式体验，或者利用用户生成内容来增强内容的互动性和用户的信任感。例如，可以通过邀请旅游者在平台上分享他们的旅行视频，构建一个社区驱动的内容生态系统，这不仅能增强内容的多样性，还能提高观众的参与度和忠诚度。

利用数据分析技术来优化营销策略也至关重要。通过收集和分析观众的行为数据，营销团队成员可以精准地定位观众，了解哪些视频内容最能激发他们的兴趣。例如，数据分析可以揭示某类视频在特定时间或针对特定人群的表现，指导营销人员进行有针对性的内容创作和广告投放。

营销人员还需要分析竞争对手的战略。通过监测和分析竞争对手的行为，营销人员可以发现市场的新趋势和新技术的应用，避免落后于市场，同时找到差异化的策略来提升品牌的市场地位。例如，如果发现竞争对手成功地利用了某种新的社交媒体平台来提高观众参与度，那么可以考虑将类似的策略应用到自己的营销活动中，或者采用新的方法来利用这一平台。

持续的产品和服务创新对维护品牌竞争力同样重要。这可能意味着开发新的旅游产品，或为游客提供增值服务，如个性化旅行建议或增强现实导览。通过不断为游客提供新的产品和服务，品牌能满足游客的期望，在市场中保持领先地位。

参考文献

[1] 唐·E. 舒尔茨，贝茨·E. 巴恩斯，海蒂·舒尔茨，马里安·阿扎罗. 重塑消费者：品牌关系 [M]. 沈虹，郭嘉，王维维，王安妮，陈溯，译. 北京：机械工业出版社，2015.

[2] 艾登伯格.4R 营销 [M]. 文武，穆蕊，蒋洁，译. 北京：企业管理出版社，2003.

[3] 宋锋森. 短视频营销：新媒体时代，重构营销新模式 [M]. 北京：中国纺织出版社，2020.

[4] 刘显才，刘圣豪. 移动互联网的营销时代 [M]. 北京：北京工业大学出版社，2015.

[5] 邓思琴，罗华. 新媒体电商销售模式及其构建 [M]. 长春：吉林人民出版社，2021.

[6] 李保升. 短视频营销一本通（乡村版）[M]. 北京：北京邮电大学出版社，2021.

[7] 向上. 短视频营销全攻略 [M]. 广州：广东经济出版社，2019.

[8] 侯凤菊. 短视频制作与营销全攻略 [M]. 北京：九州出版社，2022.

[9] 陈盛. 农产品短视频 + 直播营销一本通 [M]. 北京：中华工商联合出版社，2020.

[10] 李朝辉，程兆兆，郝倩，等. 短视频营销与运营（视频指导版）[M]. 北京：人民邮电出版社，2021.

[11] 刘嘉琪. 乡村旅游抖音短视频营销对居民出游行为的影响研究 [D]. 南宁：广西民族大学，2023.

[12] 李新竹. 忻州古城抖音短视频营销策略研究 [D]. 太原：山西大学，2023.

[13] 刘心怡. 营销类短视频中顾客间互动对顾客购买意愿的影响研究 [D]. 济

南：山东大学，2023.

[14] 魏明.辽宁康辉国际旅行社新媒体整合营销对策研究 [D].沈阳：沈阳大学，2022.

[15] 李涛.旅游短视频营销对高校学生旅游意愿的影响研究 [D].三亚：海南热带海洋学院，2022.

[16] 高辉.旅游类短视频的传播策略研究 [D].乌鲁木齐：新疆财经大学，2022.

[17] 王洪芳.短视频营销对消费者购买意愿的影响因素研究 [D].上海：上海财经大学，2022.

[18] 宋忱蔚.从抖音看短视频的生存机遇与发展问题 [D].长春：吉林大学，2020.

[19] 颜硕.短视频营销对厦门旅游目的地形象与旅游意愿的影响研究 [D].天津：天津大学，2020.

[20] 欧阳思萍.基于用户个性化需求的短视频场景营销影响因素研究 [D].广州：暨南大学，2019.

[21] 姜冬.基于 SICAS 模型的景区短视频营销模式研究 [J].现代商业，2022（26）：49—51.

[22] 刘晓旭.短视频网红旅游打卡地营销模式研究策略 [J].全国流通经济，2023（20）：132—135.

[23] 吴丽文.文旅融合背景下旅游市场的新媒体营销模式研究：以汕尾市为例 [J].市场周刊，2023，36（8）：80—84，157.

[24] 王伯启.旅游短视频传播及营销模式分析：以抖音 App 为例 [J].江苏商论，2023（5）：70—73.

[25] 梁鹏浩．抖音短视频在旅游营销中的运用 [J]．合作经济与科技，2022（24）：70—72．

[26] 丁瑶．抖音短视频受众分析 [J]．合作经济与科技，2022（13）：84—86．

[27] 王楠．短视频背景下向海湿地旅游景区营销策略探讨 [J]．老字号品牌营销，2022（2）：46—48．

[28] 肖奕琳．短视频平台下旅游营销模式的创新策略研究 [J]．中国商论，2021（21）：57—59．

[29] 端木文娟．融媒体时代"直播＋短视频"营销模式在文化旅游产业中的创新应用 [J]．企业改革与管理，2021（14）：105—106．

[30] 罗南，宋丹瑛．新媒体时代下景区营销策略研究：以大小洞天景区的抖音短视频营销为例 [J]．现代商业，2020（35）：15—17．

[31] 汪克会，张浩伟．基于抖音短视频的宁夏中卫市旅游营销研究 [J]．新媒体研究，2022，8（15）：65—69．

[32] 魏可意．桂林旅游文化利用新媒体塑造城市形象的策略分析 [J]．声屏世界，2022（2）：88—90．

[33] 李千玉，马逸择．基于短视频平台的文化旅游发展路径研究：以徐州汉文化为例 [J]．传媒论坛，2021，4（11）：119—120．

[34] 杜峰帅，石兴，肖素雅，等．互联网时代下邮轮旅游网络营销策略分析 [J]．商讯，2021（16）：8—10．

[35] 谭康明，陈姗姗，王兵．基于抖音短视频营销模式的少数民族地区产业扶贫策略研究 [J]．现代商业，2021（7）：28—30．

[36] 辛普阳，闫国东，李晓玉．邮轮旅游场景营销的应用及困境研究 [J]．中国水运，2021（1）：4—44．

[37] 陈翔宇，滕寒冰.中高端水果互联网营销模式研究[J].商场现代化，2020（10）：35—37.

[38] 蔡君涛，刘文华.短视频营销在旅游App中的应用[J].现代营销(经营版)，2019（2）：101.

[39] 厉蕊雷，曹洪珍.大连旅顺口区旅游景区营销策略探析[J].市场周刊（理论研究），2018（2）：72—74.